全国高职高专酒店管理专业规划教材

前厅客房工作实务

（第二版）

苏北春◎主编　任曼殊 柯厅敏◎副主编

人民邮电出版社
北　京

图书在版编目(CIP)数据

前厅客房工作实务 / 苏北春主编. —2 版. —北京：人民邮电出版社，2014. 8（2017.2重印）
全国高职高专酒店管理专业规划教材
ISBN 978-7-115-35982-7

Ⅰ. ①前… Ⅱ. ①苏… Ⅲ. ①饭店—商业服务—高等职业教育—教材 Ⅳ. ①F719. 2

中国版本图书馆 CIP 数据核字(2014)第 118586 号

内 容 提 要

本教材是针对饭店前厅、客房服务的管理工作的需要而编写的实训指导教材。全书分上下两篇：上篇为前厅服务与管理，内容包括：前厅部岗位认知、客房预订服务、前台接待服务、前厅综合服务、VIP 前厅服务与前厅管理实务等；下篇为客房服务与管理，内容包括：客房部岗位认知、客房卫生服务、客房接待服务、客房设施用品管理、客房安全管理、客房劳动管理等。

本书以"实训学习包"为基本结构形式，将前厅服务与管理、客房服务与管理的教学内容分解为若干个实训项目，向学生提供比较全面的实习、实训指导材料。

本书可作为高职高专院校、中职院校以及成人高等院校旅游和酒店管理专业学生的学习用书，也可作为酒店对其管理人员、服务人员进行业务培训的参考书。

◆ 主　　编　苏北春
副 主 编　任曼殊　柯厅敏
责任编辑　王莹舟
责任印制　杨林杰

◆ 人民邮电出版社出版发行　　北京市丰台区成寿寺路 11 号
邮编 100164　　电子邮件 315@ptpress. com. cn
网址 http://www. ptpress. com. cn
北京九州迅驰传媒文化有限公司印刷

◆ 开本：700×1000　1/16
印张：15　　2014 年 8 月第 2 版
字数：230 千字　　2017 年 2 月北京第 2 次印刷

定　价：29. 80 元

读者服务热线：(010)81055656　印装质量热线：(010)81055316
反盗版热线：(010)81055315
广告经营许可证：京东工商广字第 8052 号

前言

前厅客房服务与管理是高职院校酒店管理专业的一门核心课程，其基本教学目标是：通过理论与实践结合的教学模式，使学生掌握酒店前厅、客房服务管理的基本理论知识，熟悉饭店客房部运行与管理的基本程序和方法，熟练掌握前厅服务、客房服务技能，进而成为能胜任高星级酒店客房服务工作，并初步具备领班、主管管理能力的高技能人才。教师要实现这一教学目标，必须加强实践教学，通过贴近岗位、贴近实际的实训，有效提高学生的应岗能力。本教材正是基于前厅客房服务与管理实训教学而编写的，可为实训教学提供具有较强操作性和实际应用性的真实工作项目和工作任务。

本教材受浙江省高校重点教材项目资助，编写团队由高职院校专业教师和酒店高级管理人员共同组成。本教材是在充分地进行市场调研与职业岗位分析的基础上，借鉴了其他高职高专优秀教材，改变了传统的饭店服务与管理教材的模式，结合本专业人才培养目标，按照饭店前厅客房部基层岗位职业能力和素质要求而编写，是具有“工学结合”特色的项目化实训教材。

本教材充分体现任务引领、工作过程导向的课程设计思想，以高星级酒店前厅和客房部各岗位任务为目标，并以这些岗位日常工作为内容开展项目化实训教学，实训内容与酒店实际工作相配套，强调“学做合一”和自主性学习的教学方法。

本教材以“实训学习包”的形式开发，每个实训项目下的教学活动以若干个典型的工作任务来驱动，并根据星级酒店前厅部、客房部的工作特点，将学习资源组成一个个相对独立的项目学习包，每个项目学习包具体包括实训目标、情境材料、工作任务、完成方法与步骤指导，并辅以相关的学习资料，使学生明确某一实训项目的具体目的、内容、完成的方法和考核要求，从而在完成各种工作任务与参与各种活动过程中学会前厅客房管理与服务的知识与技能。

本教材突出实用性，实训活动设计任务明确，可操作性强。同时，十分强调以学生为本，注重自主性学习和自主性实训，内容图文并茂，文字简明扼要，符合高职及成人高等院校学生的认知水平。

本教材由苏北春担任主编，参加编写的人员有任曼殊、柯厅敏、刘文卿、钟冰茹、刘天姿等（均为高职院校的专业教师或酒店高级管理人员）。

由于编者水平所限，教材中难免有疏漏和不妥之处，欢迎广大读者批评指正。

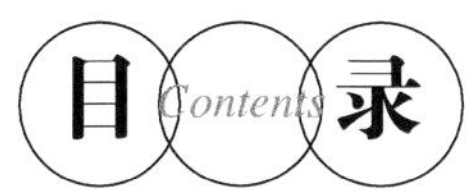

上篇　前厅服务与管理

下篇　客房服务与管理

上篇

前厅服务与管理

前厅部岗位认知

一、前厅部组织机构及其职责范围

酒店前厅，又称为总服务台，或称为总台、前台等。它通常设在酒店的大堂，是负责推销酒店产品与服务，进行组织接待工作和业务调度的一个综合性服务部门。前厅部（Front office）在酒店各管理部门中具有全面性、综合性和协调性的特点，是酒店的神经中枢，它一方面要参与酒店的经营管理活动，另一方面又要为客人提供各种综合服务。因此，前厅部的基本服务项目既多又杂。

前厅部一般分为八大职能部门，其基本职责如下。

1. 预订处（Rooms Reservation）

（1）负责酒店订房业务。

（2）负责与能提供客源的有关公司、旅行社建立良好的业务关系。

（3）负责及时向有关部门提供客房预订资料和数据以及VIP抵店信息。

（4）参与前厅部对外订房业务的谈判以及合同的签订。

酒店大堂

（5）负责制定预订报表。

（6）参与制订全年客房预订计划。

2. 礼宾部（Concierge）

（1）负责在酒店门厅、车站、机场迎送客人。

（2）负责客人的行李运送、寄存及安全。

（3）陪同散客开房，并介绍酒店服务项目。

（4）负责分送报纸、信件和留言。

总服务台

（5）负责代客召唤出租车。

（6）负责维持酒店门厅入口处的秩序，协调管理和指挥车辆停靠。

（7）回答客人问询，为客人指引方向。

（8）负责客人其他委托代办事项。

3. 接待处（Reception）

（1）负责销售客房，接待住店客人。

（2）为住店客人办理入住登记手续。

（3）负责合理分配客房。

（4）掌握客人入住动态及信息资料，控制客房状态。

（5）制定《客房营业日报表》。

（6）负责协调对客服务工作。

大堂休息区

4. 问询处（Infor mation）

（1）负责回答客人问询。

（2）接待来访客人。

（3）负责处理客人邮件、留言，分发和保管客房钥匙。

5. 收银处（Cashier）

（1）负责办理离店客人的结账手续。

（2）负责住客贵重物品的寄存和保管服务工作。

（3）提供外币兑换服务。

（4）管理住店客人的账卡，与各营业部门联系，催收、核实账单，提供夜间审计报表。

6. 电话总机（Switch Board）

（1）负责接转电话。

（2）为客人提供叫醒、请勿打扰等电话服务。

（3）回答客人问询，接受客人投诉。

（4）提供电话找人、电话留言等服务。

（5）办理长途电话业务。

（6）传播或消除紧急通知或说明，播

大堂副理班台

放背景音乐等。

7. 商务中心（Business Centre）

（1）负责收发传真、电报。

（2）负责复印、打字、文字处理。

（3）提供网络信息服务。

（4）提供店内购物服务。

8. 大堂副理（Assistant Manager）或客务关系部（Guest Relations）

（1）代表总经理负责前厅服务协调。

（2）负责贵宾接待。

（3）负责投诉处理。

（4）负责维护大堂环境与秩序。

二、前厅基本设施、设备

总台：其理想高度为120~130cm，台内工作台面高度为85cm，宽约为30cm，长度根据前厅规模酌定。

档案柜：用于存放客史资料。

简介架：用于陈列本酒店的各种简介或有关旅游宣传品，供客人免费取阅。

收款专用柜：供收银员存放各种账单资料用。

电脑终端机：用于住客登记、显示房间状况和有关信息。

钥匙箱：用于存放备用钥匙。

行李车

收银机：用来计算账款及制作统计表。

货币识别机：用以鉴定货币的真伪。

打时机：时钟式机器，用来记录迁入迁出，寄存柜开启以及收发邮件的准确时间。

电话机：用于对内、对外联系。

行李车：用以盛装或运载住客的行李物品。

行李牌：是运送和保管行李的标志。

磅秤：用以称量客人的行李物品，避免客人担心超过交通部门规定的限量。

轮椅：供接待老、弱、病、残客人时使用。

三、主要管理岗位及其职责

1. 前厅经理

前厅经理是前厅营业与管理的最高指挥，是前厅全体员工甚至是整个酒店的形象代表。其主要工作是通过对前厅经营的计划、组织、人员配备、指挥与控制，营造高效率的工作氛围，从而保证酒店的经济效益。

（1）主管前厅业务运转，协调前厅各部门的工作，负责制定前厅的各项业务指标和规划。

（2）每天检查有关的报表，掌握客房的预订销售情况，并负责安排前厅员工班次及工作量。

（3）掌握每天旅客的抵离数量及类别，负责迎送、安排重要客人的住宿。

（4）严格按照前厅各项工作程序，检查接待员、收银员、行李员的工作情况。

（5）配合培训部对前厅员工进行业务培训，提高员工素质，并具体指导员工各项工作。

（6）与财务部密切合作，确保住店客人入账、结账无误。

（7）协调销售、公关、客房、餐饮以及工程维修部门，共同提高服务质量。

（8）负责查看营业报表，并进行营业统计分析。

（9）负责处理和反映跑账、漏账等特殊问题。

（10）收集客人对客房、前厅以及其他部门的意见，处理客人投诉。

（11）负责与安全部联系，确保住店客人安全，维持大堂的正常秩序。

（12）组织和主持前厅部日常会议和全体员工会议。

为了确保前厅经营的顺利进行，前厅还须设值班经理，以保证前厅每时每刻都有经理负责，任何重要问题都能及时得到解决或反馈。值班经理具有前厅经理的职责与权力，在前厅经理缺席时，可以代理主持前厅工作。

2. 前厅主管

在规模较大的酒店里，前厅的管理人员除前厅经理之外，还设有主管人员，如前厅接待主管、礼宾主管以及下属的各位领班人员。前厅主管接受前厅经理领导，负责前厅营销的日常工作。

（1）掌握前厅营业的基本情况，如客人到离人数、客房出租率、客房状况、订房情况等，发现问题及时向前厅经理汇报。

（2）协调前厅与客房、餐饮以及工程维修部门的关系，共同搞好服务工作。

（3）严格按照酒店规定对前厅询问、接待、行李、结账等环节的服务态度、服务方式、服务质量等进行督导。

（4）了解员工的思想、学习、工作、生活情况，协助前厅经理做好员工的技术培训与业务考核工作。

3. 大堂副理

也称大堂值班经理。在不设客务部的酒店，其主要职责是代表总经理协调前厅部的日常对客服务。具体职责范围见后附资料。

项目一　客房预订服务

［实训目标］

本项目重点掌握客房预订业务的内容和范围，特别强调预订服务的基本程序及其技术要领。通过本项目的训练，学员应当完整地了解和掌握预订业务的基本内容，并达到如下标准。

- 熟悉和掌握预订服务的基本工作环节和服务程序，能熟练完成各项业务工作。
- 熟练填写各种表格或报表，并能根据各种表格、报表中的数据向上级或有关部门提交分析报告。
- 准确接收各方面的信息，能够随机应变，耐心、细致地回答客人的提问，善于以良好的服务做好客房预订工作。

［资料索引］

学员要完成本项目的技能训练，必须认真阅读“客房预订资料学习包”中的有关资料（附本项目后）。

序号	资料名称	索引号	重点阅读
1	接受预订工作标准流程	QT01	△
2	更改预订工作标准流程	QT02	
3	超额预订处理标准流程	QT03	
4	电话预订服务标准	QT07	△
5	团队预订服务标准	QT08	△
6	更改预订服务标准	QT09	
7	取消预订服务标准	QT10	
8	超额预订处理工作标准	QT11	△

［工作程序］

预订服务实训基本程序如下所示，完成本实训项目请按此程序进行。

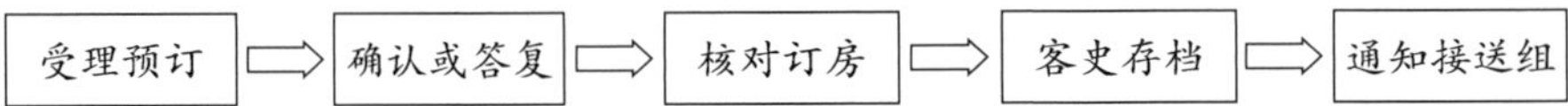

[实训准备]

1. 物品准备：圆珠笔、散客预订单、团队预订单、预订确认函、电话。

2. 实训场地：模拟总台。

3. 实训过程

（1）将学员进行分组。

（2）各组学员分别扮演预订员和客人。

（3）受理客房预订，按程序完成各项工作任务。

4. 背景材料

东海市维多利亚酒店共有各类客房284套，房价如表1-1所示。请你根据具体情况完成有关预订任务。

表1-1　东海市维多利亚酒店客房价格表

房类	门市价（元）	优惠价（元）	套数	装修标准
标准双人间	628	480	100	★★★★
豪华双人间	648	518	80	★★★★
商务标准间	880	680	50	★★★★
豪华套房	1 288	998	2	★★★★
商务套房	1 588	1 288	4	★★★★
行政套房	1 688	1 380	4	★★★★

[任务1] 散客预订服务

张先生从北京打电话至东海市维多利亚酒店，欲订一个标准双人间，信用卡担保，预订员小李接待。

（1）请根据上述情境扮演相应角色，参考下面对话进行演练。

李：早上好！维多利亚酒店预订处。很乐意为您效劳。

张：我是从北京打来的电话，想订一间房。

李：请问先生您要一间什么样的房间？我们饭店有标准双人间、豪华双人间、商务标准间、豪华套房、商务套房等多种房间。

张：我要经济实惠一点的，就要一个普通标准间吧。

李：那么您准备什么时候来、住多长时间？

张：10月26日到10月29日。

李：请您稍等，让我查一查电脑……对不起，让您久等了。您要的房我们能满足您。一个标准间每晚房价是480元，这是优惠价，您看行吗？

张：行，没问题。

李：请问先生您的姓名？您是为自己订房吗？

张：我叫张强，我是为自己订房。

李：张先生，可否告诉我您的身份证号码及联系电话？

张：身份证号是3303021980×××××，电话号码是1398456××××。

李：我再确认一下，身份证是3303021980×××××，联系电话1398456××××。张先生您订一个标准间，从10月26日至10月29日，是这样吗？

张：是的。

李：张先生，如果您能为您的预订提供担保的话，我们将保证为您预留好房间。

张：当然可以，那我怎样担保呢？

李：您只要告诉我您的信用卡的种类和号码就行。

张：长城卡，944431445833762××××。

李：长城卡，944431445833762××××。谢谢您。我们将为您把房保留至10月27日上午，如果您10月26日未到，我们也将从您信用卡中扣除当晚的房费。如果您需要改变您的预订，请在10月26日下午6点前通知我们，好吗？

张：好的。

李：请问张先生，您还有其他需要吗？

张：没有了。

李：我们期待您的光临。再见！

（2）根据所使用的酒店管理系统软件格式，将上述预订信息录入预订系统，如图1-1所示。

预计入店时间在 自选 2010-10-26 至 2010-10-29 姓名或拼音 张强 已确认 F3查询

制单时间	预订人	称谓	预订入店时间	联系电话	预订房型	数量	状态	保留房间
2010-09-18 19:53	张强	先生	2010-10-26 09:00	1398456××××	标准单人间	1	已确认	A0202

确认预订 F4转入住 作废 已入住

流水号 0000000002 制单时间 2010-09-18 19:53 制单人 系统管理员 状态 已确认

预订人	张强	先生	客人类型	散客	证件类型	身份证	证件号码	3303021980×××××
联系电话	1398456××××		预订房型	标准单人间		1 间	预计入住时间	2010-10-26 09:00
预计离店时间	2010-10-29 11:30		保留房间	A0202	预订说明	长城卡944431445833762××××		

F2新预订 F5保存 F8取消 F7删除 预览 打印 F10关闭

图1-1 酒店预订系统

［任务2］团体预订处理

1. 函电处理

某大学来电话称，拟于9月11日—14日在本酒店召开一个全国性的学术会议，会议规模为200人左右，报到时间为9月10日，要求本酒店为其预订足够的房间。请假设情境按下面程序进行演练。

电话响三次之内接听，接到电话时，必须说“我是××酒店订房处，有什么需要帮忙的吗？”声调友好亲切。填写订单时，注意问清下列项目。

（1）客人的姓名、单位和国籍。

（2）到达和离店的具体日期、时间。

（3）需要房间数量、类型及价格。

（4）来电订房人的姓名、单位及电话号码。

（5）客人是否要求接机接站，说明收费标准。

（6）订房间的保留时间，是否用信用卡或预付金确保房间。

（7）将上述内容向客人核对。

（8）询问有无其他需求，与客人告别，期待客人的到来。

（9）完善订房表格并输入电脑。

2. 预订确认

根据上述情况填写或打印订房单（见表1-2），并用传真寄发订房确认书（见表1-3）。也可向订房人通过电子邮件寄送电子确认书，由客人预付定金，或者通过单位信用卡担保，保留房间至某一时段。

在房间紧张时，为了减少预订后未入住的情况发生，保证预留房间供客人正常入住，需要提供信用卡担保，如果客人未按预订入住，酒店将扣除全部或部分房费。一般需要提供担保的情况有如下几种。

（1）旅游旺季或热点景区。

（2）会展或节假日期间的酒店。

（3）保留时间超过酒店规定等情况。

［任务3］变更预订

情境续［任务2］三天后，某大学又来电话称，原定9月11日—14日在本酒店召开的会议延长至15日结束，并且因参加会议的人员增加，由原计划的200

人变更为220人，需对已作出的预订进行更改。请按照以下要求完成这一任务。

（1）询问要求更改预订客人的姓名及原始预订日期。

（2）询问客人现要更改日期、更改的房间数。

（3）将原始订单找出。

（4）在确认新的日期、房间数前，先要查询会议期间客房出租和预订情况。

（5）在有空房的情况下，可为客人确认更改预订，填写预订单并修改电脑资料。

（6）将更改后的订单与原始订单订在一起。

（7）将订单按日期、客人姓名存档。

（8）如酒店客房已订满，应及时向客人解释。

（9）感谢客人及时通知，告知客人预订房间的最后保留时限。

表1-2　订房单样表

维多利亚酒店　　　　**订房单**

Victoria Grand Hotel　　　　Reservation Form

★★★★

☐ 新订 New Booking

☐ 修改 Amendment

☐ 取消Cancellation

RSVN Form

<table>
<tr><td colspan="2" rowspan="3">客人姓名（Guest Name）</td><td>人数（Pax）</td><td>何地来（Where From）</td></tr>
<tr><td colspan="2">是否接车（Transportation Required）
☐是Yes　　☐否No</td></tr>
<tr><td colspan="2">预期到达时间（ETA）</td></tr>
<tr><td colspan="3">订房种类及数量（No.Of，RM＆Type）</td><td>房租（Rate）</td></tr>
<tr><td>到达日期（ARR.Date）</td><td colspan="2">离开日期（DEP.Date）</td><td rowspan="2">付账方式（Payment）
☐ 房费（RM）
☐ 早餐（Breakfast）
☐ 中餐（Lunch）
☐ 晚餐（Dinner）
☐接车（Transportation）
☐所有费用（All Expenses）</td></tr>
<tr><td>订房人（Applicant）</td><td colspan="2">联络号码（Contact No.）</td></tr>
</table>

（续表）

<table>
<tr><td colspan="2">订房公司（Company）</td><td>□本人支付（OWN A/C）
□公司支付（CO A/C）
□旅行社支付（AGT A/C）</td></tr>
<tr><td>客人类型（Guest Type）</td><td>订房日期（Date Applied）</td><td rowspan="2">备注（Remarks）</td></tr>
<tr><td>当值人员（Clerk）</td><td>批准者（Approved by）</td></tr>
</table>

表1-3 订房确认书样表

维多利亚酒店

Victoria Grand Hotel

★★★★

订房确认书

Reservation Confirmation

致：
（ATTN）：______________________ 传真号码：
（Fax）：______________________

客人姓名
（Guest Name）____

到达日期
（Arrival）____________ 飞机/火车班次
（Flight/Train）____________ 离店日期
（Departure）____________

客房种类及数量
（Accommodation）______________ 房价
（RM Rate@ RMB/USD）______________
备注
（Remarks）____
____

注意：所订客房将保留至下午6：00，迟于下午6：00到达的贵客，请预先告知，若有任何变动，请务必通知本酒店。

Note：Your room will be held till 6：00PM，unless alter arrival time is specified. If any changes，please advise us for adjustment.

确认者
（Confirmed by） 日期
（Date）
由客房部（From：Teservation Department）

地址：中国温州市马鞍池东路××号 邮编：325028
ADD：××MA ANCHI EAST ROAD，WENZHOU，CHINA P.C：325028
电话（TEL）：86-577-8278888 传真（FAX）：86-577-8245346

［任务4］预订案例分析

1. 角色扮演

张红女士从上海来电话为吕清先生订一个标准间，并说明吕清先生是双腿有残疾的残疾人。因饭店正在接待这个大型会议，所有标准间已售出，只剩大床间、豪华双人间、套房。应如何接待？试模拟情境。

2. 书面报告

情境续［任务2］在接待上述会议团体期间，另有10位外地客人持本店发出的预订确认书在规定的时限内抵店，而酒店却因超订而无法为他们提供所订住房，引起了这10位客人的极大不满。作为预订处负责人，你将如何处理这起事件，并采取怎样的补救措施？请写一份书面报告将最终处理结果向总经理汇报。

［任务5］客房出租率预测分析

9月10日为［任务2］所述会议的报到日，当天续住客房数为80间，客人预期离店客房数为35间。根据以往预订统计资料分析，预订不到及临时取消、变更的比率为12%，提前离店率为4%，延期住宿率为6%。根据上述会议团体预订情况，适当假设其他有关数据，请对9月中旬一星期（9月10日—16日）的客情进行预测分析（见表1-4），并计算9月10日可超额订房间的数量。

超额订房的计算公式为：$X=[(A-C)\cdot r+C\cdot f-D\cdot g]\div(1-r)$

其中，X表示超额订房数；A表示酒店可供出租客房总数；C表示续住客房数；r表示预订不到及临时取消和变更的比率；D表示预期离店客房数；f表示提前离店率；g表示延期住宿率。

表1-4　一周客情预报表

日期	星期	抵店用房	离店用房	住客房	空房	待修房	出租率（%）	人数（团队/零星）

［学习资料包1］客房预订服务

资料名称：接受预订工作标准流程　　　　索引号：QT01

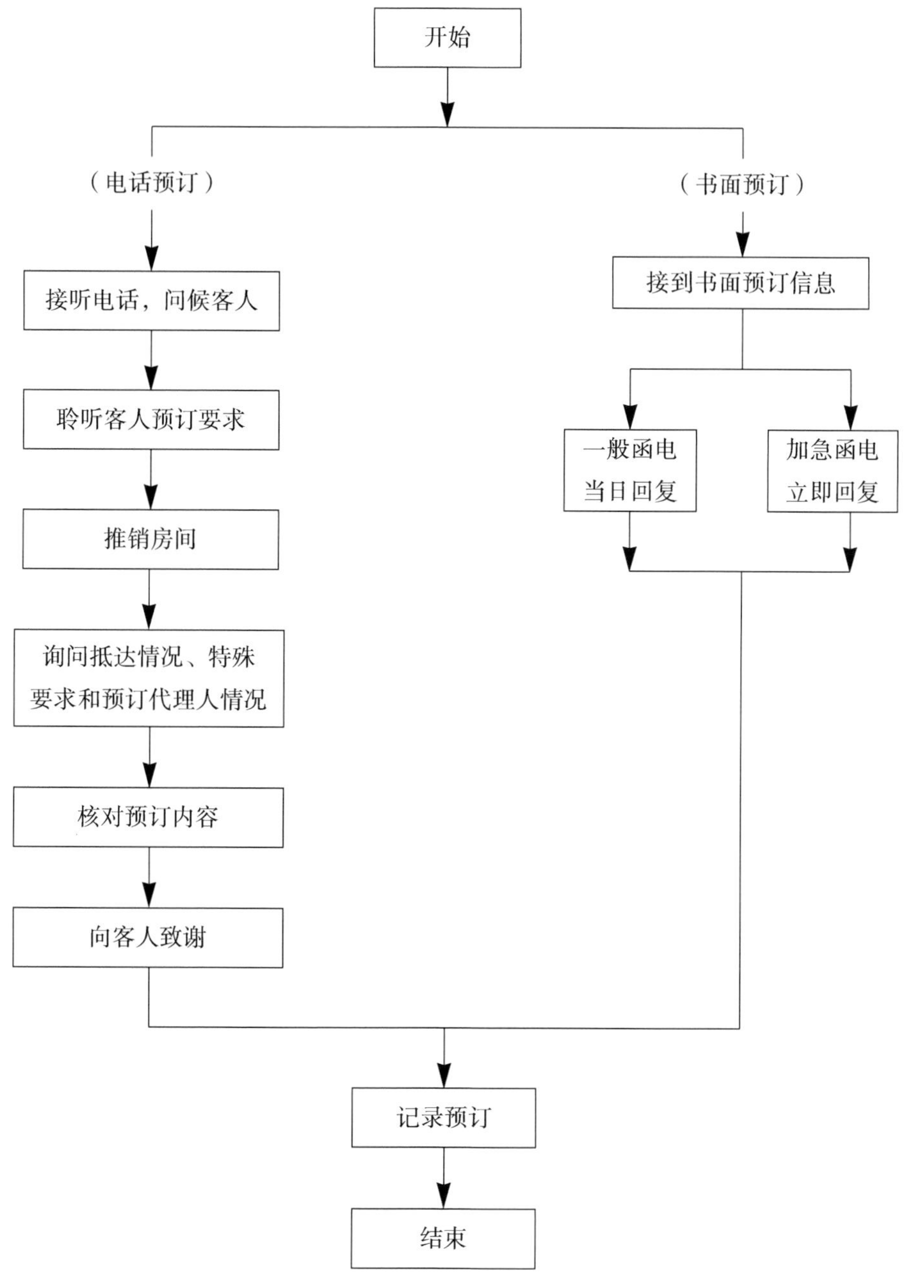

资料名称：更改预订工作标准流程　　　　索引号：QT02

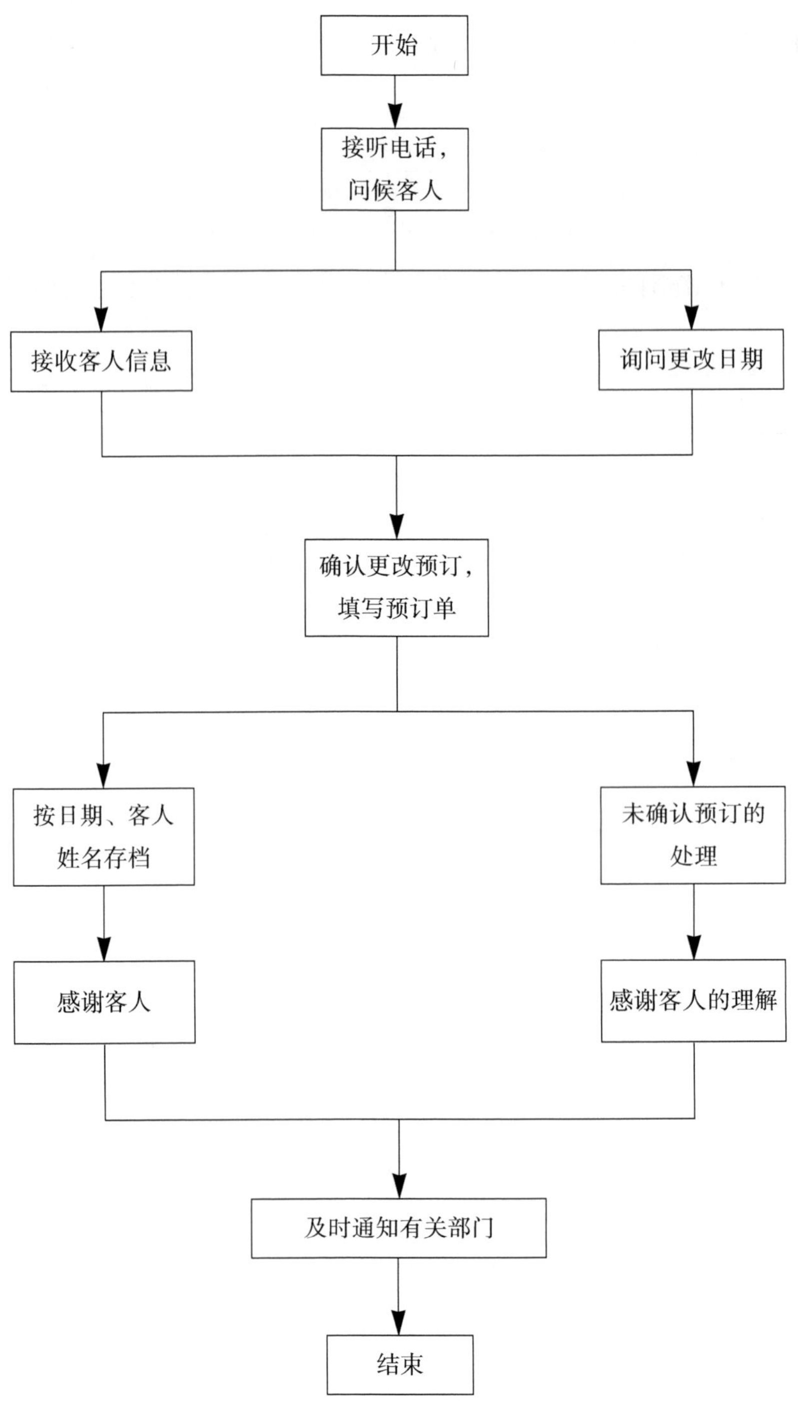

资料名称：超额预订处理标准流程　　索引号：QT03

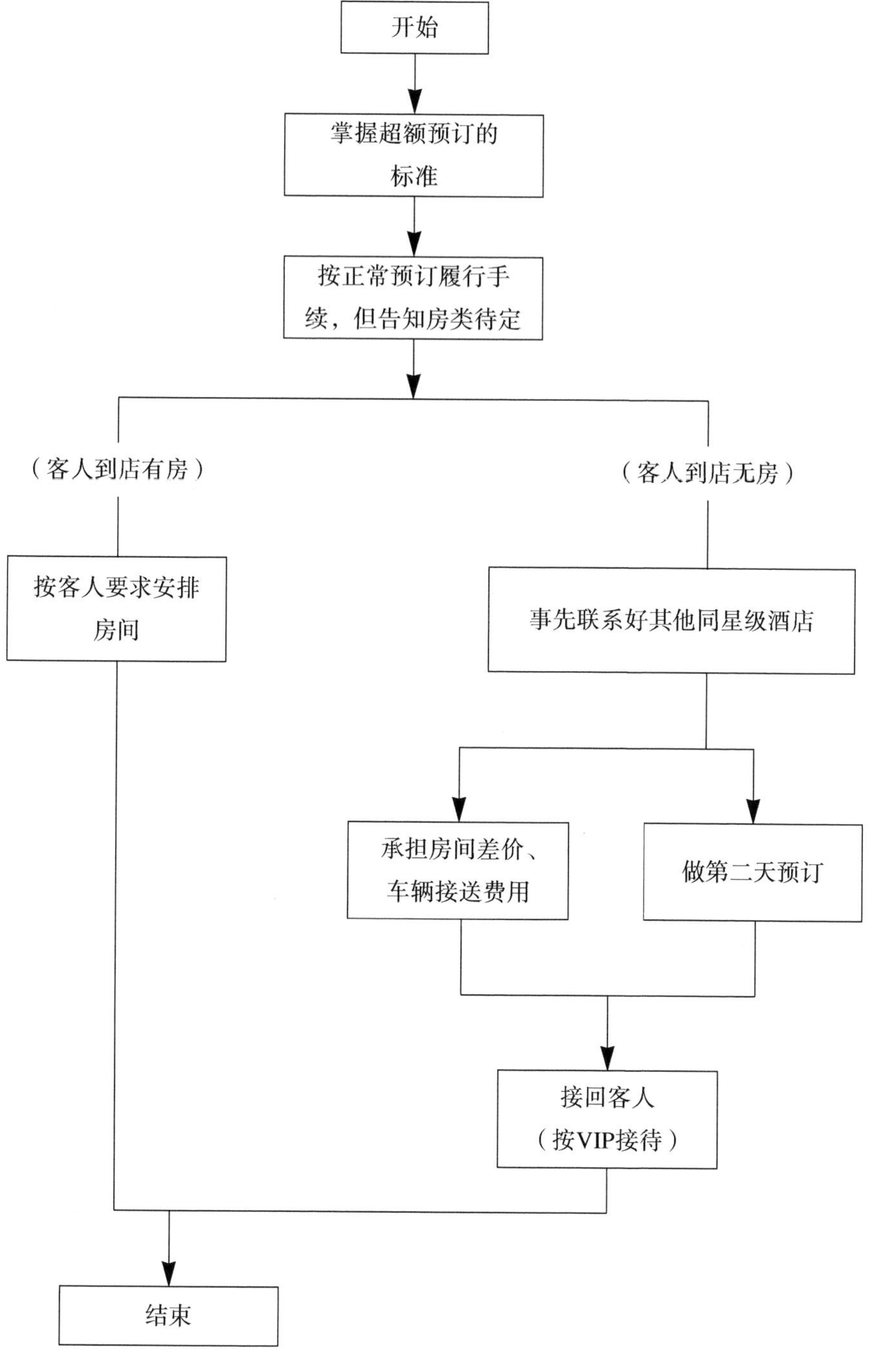

资料名称：订房申请表　　索引号：QT04

订房申请表

<table>
<tr><td colspan="2">来宾/团体名称</td><td></td><td>国籍</td><td></td><td>人数</td><td colspan="2">来宾　人，陪同　人，总计　人。</td></tr>
<tr><td colspan="2">来自</td><td colspan="3"></td><td colspan="2">飞机（航班）</td><td></td></tr>
<tr><td colspan="2">到店时间</td><td colspan="3">月　日</td><td colspan="2">火车（车次）</td><td></td></tr>
<tr><td colspan="2">抵达时间</td><td colspan="3">月　日</td><td colspan="2">留房时间</td><td></td></tr>
<tr><td colspan="2">离店时间</td><td colspan="3">月　日</td><td>定金</td><td colspan="2">有（　）无（　）</td></tr>
<tr><td rowspan="4">客房要求</td><td>房类</td><td>房数</td><td colspan="2">房价</td><td colspan="2">布置要求</td><td>其他</td></tr>
<tr><td></td><td></td><td colspan="2"></td><td colspan="2"></td><td></td></tr>
<tr><td></td><td></td><td colspan="2"></td><td colspan="2"></td><td></td></tr>
<tr><td></td><td></td><td colspan="2"></td><td colspan="2"></td><td></td></tr>
<tr><td rowspan="4">餐饮要求</td><td>餐厅</td><td>时间</td><td>人数</td><td>标准</td><td colspan="2">要求</td><td>其他</td></tr>
<tr><td></td><td></td><td></td><td></td><td colspan="2"></td><td></td></tr>
<tr><td></td><td></td><td></td><td></td><td colspan="2"></td><td></td></tr>
<tr><td></td><td></td><td></td><td></td><td colspan="2"></td><td></td></tr>
<tr><td rowspan="2">出租车</td><td>用途</td><td>车型</td><td>用车时间</td><td>起止地点</td><td colspan="2">收费</td><td>其他</td></tr>
<tr><td>接送</td><td></td><td></td><td></td><td colspan="2"></td><td></td></tr>
<tr><td rowspan="5">费用结算</td><td>承付项（不承付部分请划消）</td><td>房租</td><td>餐饮</td><td>洗衣</td><td>房间酒水</td><td>电信</td><td>杂费</td><td>说明</td></tr>
<tr><td>宾客房间</td><td></td><td></td><td></td><td></td><td></td><td></td><td></td></tr>
<tr><td>陪同房间</td><td></td><td></td><td></td><td></td><td></td><td></td><td></td></tr>
<tr><td>承付单位</td><td colspan="2"></td><td>订房人</td><td colspan="4"></td></tr>
<tr><td>优惠卡号</td><td colspan="2"></td><td>联系人</td><td colspan="4"></td></tr>
<tr><td colspan="2">订房人</td><td></td><td>电话</td><td></td><td>日期/时间</td><td colspan="3"></td></tr>
<tr><td colspan="2">更改/取消人</td><td></td><td>电话</td><td></td><td>日期/时间</td><td colspan="3"></td></tr>
<tr><td colspan="2">留言</td><td colspan="2">有（　）无（　）</td><td>回复</td><td colspan="4">电话（　）传真（　　）人（　）</td></tr>
<tr><td colspan="2">接收单位</td><td colspan="2"></td><td>电话</td><td colspan="4"></td></tr>
<tr><td colspan="2">备注</td><td colspan="7"></td></tr>
</table>

资料名称：订房申请表 索引号：QT05

订房确认书

致： 由：

传真： 姓名：

姓名： 日期：

姓名	性别	国籍	房类	入住日期	航班号码	退房日期

注：本店设有豪华双人房非吸烟楼层，如需入住请说明。

结算办法	房租	餐饮	客房饮料	洗衣	长途电话	康乐	其他
现付							
挂账							
其他							

<table>
<tr><td>订房人</td><td colspan="4"></td></tr>
<tr><td>特殊要求</td><td></td><td colspan="3"></td></tr>
<tr><td colspan="2">公司及持卡人编号</td><td>电话</td><td>传真</td><td rowspan="2">挂账签章</td></tr>
<tr><td colspan="2"></td><td></td><td></td></tr>
<tr><td colspan="2">酒店回复意见</td><td colspan="3">以上委托：已确认（ ）房满未能确认（ ）</td></tr>
<tr><td colspan="2">备注</td><td colspan="3">1. 订房保留在当天 时 分。
2. 如有更改请立即通知酒店订房部。</td></tr>
</table>

资料名称：团队人员名单登记表　　索引号：QT06

团队人员名单登记表

团体名称：　　入住日期：　　离店日期：

入境日期：　　入境口岸：

序号	姓名	性别	出生年月日	国籍	护照号码	签证号码	签证签发机关	签证种类	签证有效期	序号	备注
1											
2											
3											
4											
5											
6											
7											
8											
9											
10											
11											
12											
13											
14											
15											
16											
17											
18											

接待单位（盖章）：　　经办人：

资料名称：电话预订服务标准 **索引号：QT07**

■ 接电话

铃响三声之内拿起电话。

■ 问候客人

（1）问候语：早上/下午/晚上好。

（2）报部门：预订部。

■ 聆听客人预订要求

（1）问清客人姓名（中英文拼写）及预订日期、数量、房型。

（2）查看电脑及客房预订控制板。

■ 推销房间

（1）介绍房间种类和房价，尽量从高价到低价。

（2）询问客人公司名称。

（3）查询电脑，确认是否属于合同单位，便于确定优惠价。

■ 询问客人付款方式

（1）询问客人付款方式，在订单上注明。

（2）公司或旅行社承担费用者，要求在客人抵达前电传书面信函，做付款担保。

■ 询问客人抵达情况

（1）询问客人的抵达航班及时间。

（2）向客人说明房间保留时间，或建议客人做担保预订。

■ 询问客人特殊要求

（1）询问客人特殊要求，如：是否需要接机服务等，如需接机，说明收费标准。

（2）对有特殊要求者，详细记录并复述。

■ 询问预订人或预订代理人

（1）询问预订人或预订代理人的姓名、单位、联系方式、电话号码。

（2）对上述情况做好记录。

■ 复述核对预订内容

（1）日期、航班。

（2）房间种类、房价、数量。

（3）客人姓名。

（4）特殊要求。

（5）付款方式。

（6）代理人情况。

■ 向客人致谢

告诉客人预订房间保留的最后时限。

■ 记录预订

（1）填写预订单并输入电脑。

（2）按日期存放订单。

资料名称：团队预订服务标准 **索引号：QT08**

■ 接受预订

（1）电话预订同《电话预订客房服务标准》。

（2）书面预订同《书面预订客房服务标准》。

■ 询问、明确团队情况

（1）团队名称、住客姓名、国籍、身份、人数、抵离店时间、使用的交通工具、房间种类和数量、用餐类别、时间和标准。

（2）付款方式、费用自理项目。

（3）团队中其他要求和注意事项。

■ 核查

（1）酒店优惠卡。

（2）核查预订人身份、联系电话、单位名称等。

■ 复述、确认预订内容

（1）复述、确认预订内容。

（2）明确预订房间最后保留时间。

■ 记录预订

（1）填写团队预订单并输入电脑。

（2）按日期存放订单。

资料名称：更改预订服务标准 **索引号：QT09**

■ 接收客人信息

（1）询问要求更改预订客人的姓名及原定到达日期和离店日期。

（2）询问客人现要更改的日期。

■ 确认

（1）将原始订单找出。

（2）在确认新的日期前，先要查询客房出租和预订情况。

（3）在有空房情况下，可为客人确认更改预订，填写预订单并修改电脑资料。

（4）更改预订记录，更改预订代理人的姓名及联系电话。

■ 存档

（1）将更改后的订单与原始订单订在一起。

（2）按日期、客人姓名存档。

■ 未确认预订的处理

（1）如客人需要更改的日期，酒店客房已订满，应及时向客人解释。

（2）告之客人预订暂时放在候补名单上。

（3）如酒店有空房时，及时与客人联系。

■ 感谢客人

感谢客人及时通知，告知客人预订房间的最后保留时限。

■ 通知

将更改预订信息通知有关部门。

资料名称：取消预订服务标准 **索引号：QT10**

■ 接收客人信息

询问并核对要求取消预订客人的姓名、抵离日期、房类和房数。

■ 确认取消预订并记录

（1）记录取消预订代理人的姓名及联系电话。

（2）询问客人是否要做下一阶段的预订。

（3）将取消预订的信息输入电脑。

■ 感谢客人

感谢客人及时通知。

■ 存档

（1）找出原始订单。

（2）将取消预订单放置在原始订单之上，订在一起。

■ 通知

将取消预订信息通知有关部门。

资料名称：超额预订处理工作标准 **索引号：QT11**

■ 条件

（1）在客房预订已满的情况下，再适当增加订房数量以弥补客人不到或临时取消的空房。

（2）事先掌握周边同星级酒店的情况。

■ 掌握标准

一般情况下超额预订标准控制在超额预订率的5%左右，其计算公式为：

超额预订率=超订量/可订量×100%

超订量=预订房量×临时取消率−预期离店房量×延期住房率

可订量=房间总量−续住房量

■ 预订处理

（1）按正常预订履行手续。

（2）告知房类待定。

■ 客人到店有房的处理

（1）按客人要求安排房类。

（2）没有客人满意的房间，向客人道歉，提供致意品或免费早餐，直至用房价打折留住客人，或用同样的价格让客人住高一档的房间。

■ 客人到店，客房已售完的处理

（1）酒店负全部责任。

（2）事先联系好其他备用酒店。

（3）承担房间差价（订房者多数为协议客人，协议价往往低于其他酒店的房价）。

（4）免费提供车辆送、接客人到别的酒店。

（5）客人离店前做第二天预订，收定金或押金，按VIP客人礼遇接待。

资料名称：预订处主管岗位职责标准 **索引号：QT12**

■ 按照前厅部经理的指示工作。

■ 负责预订的全面工作，了解旅行社的订房情况、文件处理和预订控制。

■ 负责制作、保存和分送周报表、月报表，反映房间、订房情况。

■ 负责整个订房部的档案存放工作。

■ 督导订房部员工，负责培训、招聘订房部员工，对违纪员工提出处理意见。

- 完成总经理或前厅部经理的一些特殊安排，如参加会议等。
- 核对团体订房和散客订房的变更和取消的房间数字。
- 负责发出各种信件、备忘录和印制报表等给各部门。
- 与旅行社落实团体情况，分派员工工作。
- 每月安排本组的备用品使用。
- 负责与销售、接待、公关等部门联系。
- 每月底做房间销售分析表（Room Sales Analysis），分送总经理、前台部、销售部。
- 做好档案工作。

项目二　前台接待服务

［实训目标］

本项目重点掌握入住登记手续的办理、分配客房、客房信息处理等前台接待环节的基本服务程序和操作要求。通过本项目的训练，学员应当达到如下标准。

■ 能够针对有预订的团队、散客等不同宾客类型制定用房预分方案。

■ 能够熟练办理入住登记的各种手续。

■ 能够通过酒店计算机系统进行客房状况的控制与调整。

■ 善于以良好的服务开展客房营销工作。

［资料索引］

学员要完成本项目的技能训练，必须认真阅读如下资料（附后）。

序号	资料名称	索引号
1	客人入住工作标准流程	QT13
2	房间分配工作标准流程	QT14
3	前台交接班登记表	QT15
4	未预订客人入住服务标准	QT16
5	住店客人换房服务标准	QT17
6	客人续住服务标准	QT18
7	前台办理入住登记、验证服务标准	QT19
8	前台接待服务标准	QT20

［工作程序］

请按以下工作程序进行实训操作：

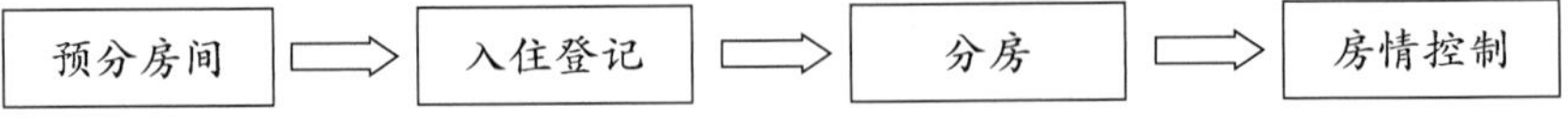

［实训准备］

1. 物品准备

宾客入住登记表（内宾、外宾两种）、房卡、钥匙（卡）、押金收据本、笔、房价表、点钞机、模拟用身份证、银行卡、总台设备。

2. 注意事项

（1）始终保持微笑。

（2）主动向宾客打招呼，笑脸相迎。

（3）使用标准的接待用语，亲切、热情待客。

3. 背景材料

某旅行团共35人经预订欲入住东海市维多利亚酒店（男女人数、不同家庭、需房情况等自行假设），在此期间还需接待上一实训项目所述的某大学会议团体，另有部分散客也将入住。请根据此情况完成有关前台接待任务。

注意：实训时注意以下几种常用表格的具体用法（见表2-1）

表2-1 前台常用表格用法说明

序号	名称	作用	流向	填写人	审核人
1	境外人员临时住宿登记表	国外宾客住宿登记用	第一联前台留存，第二联送至楼层	前台接待员和领班	前台主管或领班
2	宾客登记表	国内宾客入住登记用	第一联前台留存，第二联送至楼层	同上	同上
3	租房通知单	起租通知用	第一联前台留存，第二联前台结算，第三联楼层留存	同上	同上
4	暂收款单	收取入住预付款和押金	第一联前台留存，第二联宾客留存	同上	同上
5	换房通知	为宾客调换房间	第一联前台留存，第二联楼层留存，第三联会计留存	同上	同上
6	信用回扣单	特殊优惠房价审批	送主管总经理、部门经理审批	同上	同上
7	普通房卡	宾客凭卡入住并作为钥匙	宾客使用	同上	同上
8	可签单房卡	公付VIP宾客	宾客使用	同上	同上

[任务1] 预分房间

根据旅行社提供的人员名单设计并填制下面两种表单。

（1）《团体接待通知单》。

（2）《团体用房分配表》。

预分房间不应该只是简单地按顺序将空房随便分给宾客，而是要根据宾客年龄、人数多少、是否为家属关系、性别等不同的实际情况，按照酒店经营方针与客房管理的规定来分配房间。这是接待员应掌握的分房技巧。

另外，接待员要把有关事项如折扣率、信用卡号码、享受免费的日期、付款方法等记录在备注栏内（见图2-1）。

文件(F) 预订(Y) 登记(J) 账务(Z) 客房(K) 查询(C) 综合(B) 系统(L) 帮助(H)
房态图
0302 0303 0304 0305 0306 0307 0308 0309 0310 0311 0312 0315 0316 0317
0318 0401 0402 0403 0404 0405 0406 0407 0408 0409 0410 0411 0412 0415
0416 0417 0418 0501 0502 0503 0504 0505 0506 0507 0508 0509 0510 0511
0512 0515 0601 0602 0603 0604 0605 0606 0607 0608 0609 0610 0611 0612
0613 0614 0618 0701 0702 0703 0704 0705 0706 0707 0708 0709 0710 0711
0712 0713 0714 0716 0717 0718 0719 0720 0721 0722 0801 0802 0803 0804
0805 0806 0807 0808 0809 0810 0811 0812 0813 0814 0815 0816 0818 0819
0820 0901 0902 0903 0904 0905 0906 0907 0908 0909 0910 0911 0912 0913
0914 0915 0916 0917 0918 0919
刷新
可卖房 团体房
联房 拼房
钟点房 长包房
晨唤 留言
矛盾房 设置
房类
全部
普通房
标准房
套房
豪华套房
楼层
全部
三楼
四楼
五楼
六楼
七楼
八楼
标准
清洁空房 109
不洁空房 0
清洁住房 8
不洁住房 1
自用房 0
维修房 0
将到房 0
将走房 0
当前出租率：7.63%
当日入住数：8
当日离店数：0
当日脏房率：0.85%
当日维修房率：0.00%
维多利亚大酒店
操作员：admin
日期：2005-03-25

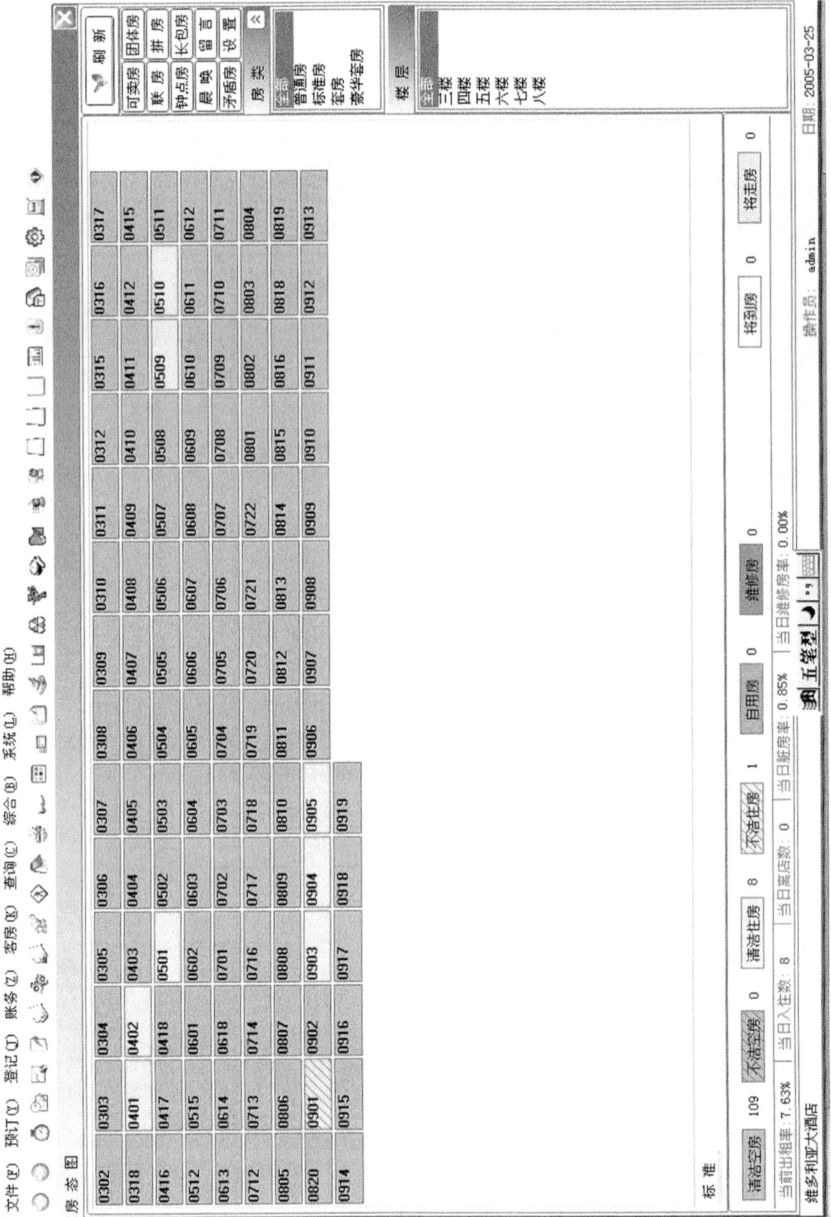

图2-1　房态图

团体登记
团体分房
普通房
标准房
套房
豪华套房
已选择：
已分配房
开始时间：
结束时间：
确认分房
取消分房
确定
新增
已预定
保存
删除
取消
快速排房
团体费用
团体房价
成批登记
成员登记
自用房间
收款
维多利亚大酒店
日期：2005-03-28

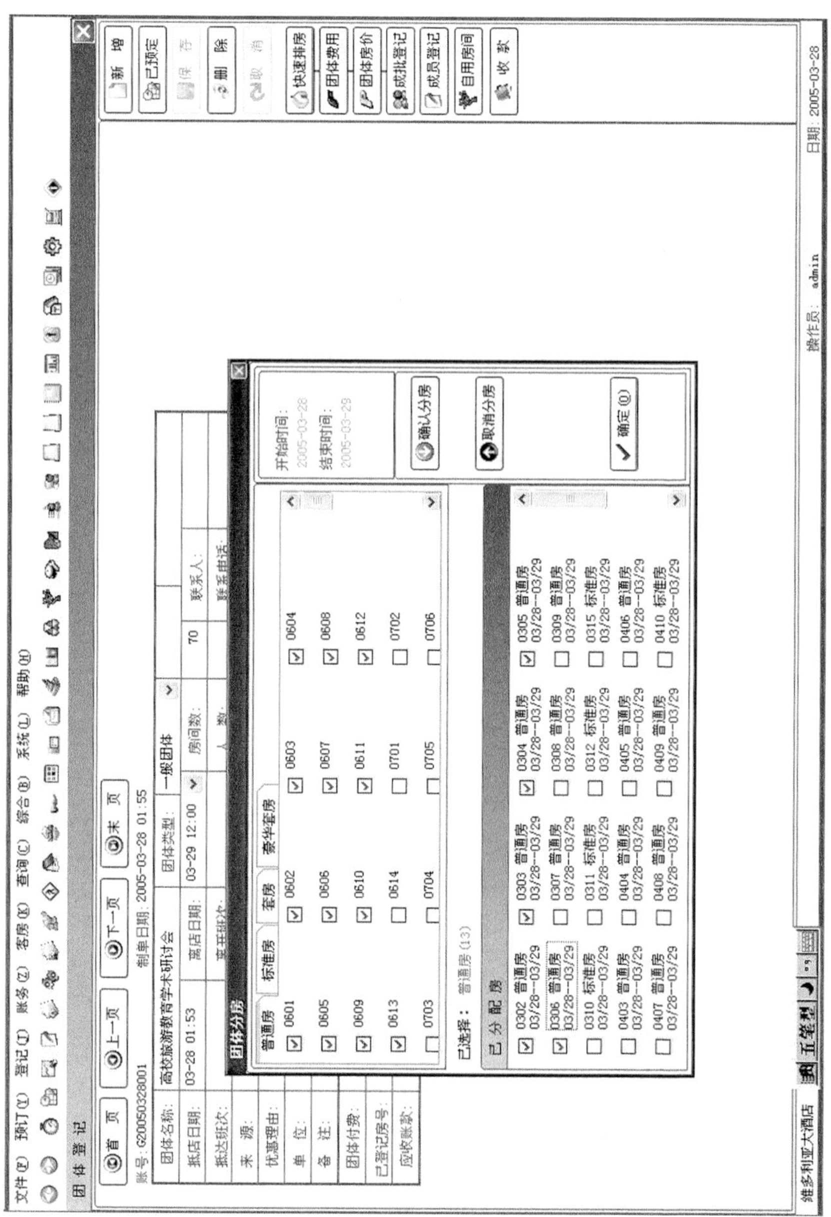

图2-2 团体登记分房

文件(F) 预订(Y) 登记(J) 账务(Z) 客房(K) 查询(C) 综合(B) 系统(L) 帮助(H)

散客登记

首页 上一页 下一页 末页

账号 制单日期

房间类型	标准房	散客类型	一般散客	入住类型	正常	额定房价	480
抵店日期	03-25 01:09	预离店日期		是否加床	□	加收加床费	
付款账号	房间号		折扣率	1	房价 480	调整后	480
抵达班次		离开班次					
早餐 2	保密 □	VIP □	晨唤 □			电话等级	不开通
定票 □	定票说明			特要说明			
付款方式	现金	来源		是否挂账	□	挂账限额	
业务员		优惠理由					
备注							
应收账款	0	预收账款	0	联房房间号			
客人姓名		付款账号名称					
入团时间		预订人		预订人单位			

修改人： 操作员：admin

图2-3 散客登记

[任务2] 团队分房与登记

学员以班级为单位，模拟旅行团体进行入住登记，要求用电脑完成分房及登记实训任务。酒店当前房态、电脑登记样表见图2-1和图2-2。具体工作步骤如下。

（1）按照团队要求提前准备好房间。

（2）将房间分配表交与旅行团领队。

（3）入住登记。

（4）团队联络员告知领队有关事宜，如用餐地点等。

（5）接待人员与领队确认房间数、人数及叫早时间。

（6）确认签字。

（7）发放钥匙。

（8）将有关信息输入电脑。

[任务3] 散客登记与分房

（1）根据下面情境，学员每两人为一组，分别以宾客、前台接待员角色进行入住登记。要求用电脑进行数据录入（参见图2-3）。

（2）结合背景材料，团体和散客数据录入完毕后打印当日客情报表。

春节期间，李珊小姐未经预订直接抵达东海市维多利亚大酒店入住，接待员小夏接待了她。

宾客入住登记

夏：新年好！小姐，欢迎您光临维多利亚大酒店。请问您有什么需要帮助的？

李：我刚到东海，想入住你们酒店。

夏：欢迎您下榻我们酒店，请问小姐您订了房吗？

李：没有。还有房吗？

夏：我们还有豪华套房和普通套房，请问小姐您需要哪种类型的房？

李：还有标准间吗？

夏：很抱歉，我们的标准间已售完，不过普通套房也许适合您，卧室内有一张大床非常舒适，还有一间会客室，配有一套豪华沙发和一张大写字台。每晚价格只要880元。您准备住几天？

李：我准备住两天。请问这个价格能否打折？

夏：小姐，这个价格是打了八折以后的价格，我们还将给您赠送水果和当天晚报，这个价格是很实惠的。您看您决定要吗？

李：好吧。

夏：那么请小姐您填写《入住登记表》，好吗？

（填写完后，小夏核对登记表）是李珊小姐呀，能否出示您的身份证？（李小姐拿出身份证，小夏双手接过仔细核对后双手送还）谢谢，请您收好。李小姐是用信用卡付款的，那么按照酒店规定请您出示信用卡刷卡，可以吗？（李小姐拿出信用卡刷出签购单后）谢谢您，请您收好信用卡。我给您安排的是1012房，这是您的房卡和钥匙，请您拿好。行李员会领您去您的房间。李小姐您还有其他需要吗？

李：我还是喜欢住20层。

夏：请稍等，让我查一查……没问题，2009房您看可以吗？

李：可以。

（小夏收回房卡和钥匙，重新签发房卡和钥匙，并更改登记表上的房号）

夏：这是房卡和钥匙，请收好。祝您入住愉快！再见！

[任务4] 外宾及我国港澳台同胞、海外华侨入住登记

准备外宾有关身份证明复印资料若干件，填写《境外人员临时住宿登记表》（见表2-2），填写要求及注意事项如下。

1. 英文姓名

凡外国人（即使有中文姓名）必须填写该项；我国港澳台同胞及海外华侨如有外文姓名，尽可能填写；在英文姓名单词之间加空格，不允许有其他符号出现。

2. 中文姓名

我国港澳台同胞及海外华侨必须填写该项；外国人如有中文姓名，尽可能填写；如遇到中文姓名无法输入电脑，可用全角状态下的“*”号代替。

3. 性别、出生日期

此项应如实填写；出生日期必须写明年、月、日；如遇到只有出生年份（如新加坡人）的身份证，可将出生日期统一为1月1日。

4. 国籍（地区）

外国人应填写所属国籍。我国台湾同胞填“台湾”，我国港、澳同胞填

“香港”或“澳门”，而不要填成“中国”；海外华侨则要填“中国”。

5. 证件种类

外国人按实际情况如实填写（注：“外国人临时居留证”不可单独使用，必须与护照同时使用，“证件种类”一栏应填“普通护照”而不要填“外国人临时居留证”，“证件号码”一栏应填普通护照的号码，“签证/签注有效期”一栏应填“外国人临时居留证”的有效期）。

我国台湾同胞应填写“台湾居民来往大陆通行证”、“中华人民共和国旅行证”等。

海外华侨应填写“中华人民共和国护照”、“中华人民共和国旅行证”。

我国港、澳同胞应填写“港澳同胞回乡证”、“港澳居民往来内地通行证”（类似信用卡）。

如计算机在该栏录入时无该证件种类的代码，则应录入“其他证件”，并在“备注”栏内注明为何种证件。

6. 证件号码

证件号码是指“证件种类”一栏中所填有效证件的号码。

目前，以下几个国家及我国港澳台地区入境人员所持证件号码如下。

（1）我国台湾居民来往大陆通行证：10位阿拉伯数字+（A）、（B）、（C）、（D）。

（2）我国港澳同胞回乡证：7位阿拉伯数字。

（3）我国港澳居民往来内地通行证：香港居民H字母后加10位阿拉伯数字；澳门居民M字母后加10位阿拉伯数字。

（4）英国、美国护照：9位阿拉伯数字。

（5）德国护照：10位阿拉伯数字。

（6）法国护照：前面两位阿拉伯数字+两个英文字母+5位阿拉伯数字。

（7）日本护照：前面两个英文字母+7位阿拉伯数字。

（8）韩国护照：前面两个英文字母+7位阿拉伯数字。

（9）新加坡护照：前面1个英文字母+7位阿拉伯数字+1个英文字母。

（10）中华人民共和国外国人居留证：居留证号码前有我国城市简称，如苏、沪、杭、京、宁等。

7. 签证种类

外国人根据所持签证填写，如“D”、“Z”、“X”、“F”、“L”、“G”、“C”、

“J-1”、“J-2”；如用“外国人居留证”登记，可根据居留证身份栏内填写相应的签证或填“无签证”。

港澳台同胞、海外华侨均填“无签证”。

8. 签证（签注）有效期

外国人填写此次入境在华停留的期限，尤其要注意区别我驻外使、领馆、处签发的和公安机关签发的两种不同情况。前一种情况（即国外发的）“签证（签注）有效期”一栏应从持证人入境那天算起（以边防检查站的入境验讫章日期计算），加上允许停留的天数。对国内公安机关签发的签证，可直接填写签证上注明的有效期。如外国人使用“外国人居留证”，那么“签证（签注）有效期”一栏应填居留证件的有效期限。

我国台湾同胞填写此次入境的签注有效期；港澳同胞、海外华侨填写此次入境的证件有效期。

9. 永久住址

此项应填写境外人员的境外永久住址。

10. 停留事由

此项应根据境外人员此次入境的目的，如实填写或按其所持签证填写。

11. 抵达日期、离开日期

此项应写明年、月、日。“抵达日期”指抵达当地时的日期，“离开日期”应尽可能问明住宿人具体离开日期，如实在不能确定，则填写“未定”。

注意：在实际工作中，“抵达日期”填入住人到派出所申报住宿登记的日期。

12. 何处来、何处去

“来处”与“去处”均应填明。“来处”是指该境外人员在大陆境内的上一站，如从上海到广州，该人的来处即为“上海”；“去处”则为下一站，去处确实未定，则填写“待定”。

13. 在华住址或房号

此项应如实并详细登记。

14. 接待单位

凡有接待单位的均应如实登记。住亲友家的写明接待人姓名及其关系；如果是旅游团队，则注明接待的旅行社名；如果是经商、访问的客人，应注明接待单位。

表2-2　境外人员临时住宿登记表

维多利亚酒店

Victoria Grand Hotel

★★★★

境外人员临时住宿登记表

Registration Form Of Temporary Residence For Visitors

请用正楷字填写（In Block Letters）

<table>
<tr><td colspan="3">姓名（Surname）（First Name）
（Middle Name）</td><td colspan="3">国籍或地区（Nationality or Area）</td></tr>
<tr><td>性别
（Sex）</td><td>出生日期
（Date of Birth）</td><td>停留事由
（Object of Stay）</td><td colspan="2">入住日期
（Date of Arrival）</td><td>退房日期
（Date of De parture）</td></tr>
<tr><td colspan="3">国（境）外住址（Home Adderss）</td><td colspan="3">公司名称或职业
（Company or Occupation）</td></tr>
<tr><td colspan="2">请注意：
（1）退房时间是中午12：00。
（2）收款时设有免费贵重物品保险箱。
（3）访客请在晚上11：00前离开客房。
（4）结账后请交回钥匙。
（5）房租不包括房间里的饮料。</td><td colspan="3">Please Note：
（1）Check out time is 12：00 noon.
（2）Safe deposit boxes are available at cashier counter at no charge.
（3）Visitors are requested to leave guest rooms before 11：00p.m.
（4）Please return your room key to the cashier counter after check out.
（5）Room rate not including beverage in your room.</td><td>离店时我的账目结算方式
（On checking out my account will be settled by）
□现金（Cash）
□旅行社凭单
（T/A VCHER）
□信用卡
（Credit Card）
客人签名
（Guest Signature）</td></tr>
<tr><td colspan="6">以下由服务员填写（For Clerk Use）</td></tr>
<tr><td>证件名称
（Type of ID）</td><td>号码
（ID No.）</td><td>签证种类
（Visa Type）</td><td>签证号码
（Visa No.）</td><td colspan="2">签证有效期
（Validity of Visa）</td></tr>
<tr><td>签证签发机关
（Place of Issue）</td><td>入境日期
（Date of Entry）</td><td>入境口岸
（Port of Entry）</td><td>接待单位
（Name of Host）</td><td colspan="2"></td></tr>
</table>

日租 Daily Rate：　　房号（Room No.）　　值班职员签名（Clerk Signature）

表2-3　宾客登记单

维多利亚酒店

Victoria Grand Hotel

★★★★

宾客登记单

Registration Card

<table>
<tr><td>房间号码（Room No.）</td><td>房价（Room Rate）</td><td>宾客人数（No. of Guests）</td></tr>
<tr><td>抵店日期（Arrival Date）</td><td>离店日期（Departure Date）</td><td>类别（Type）</td></tr>
<tr><td>中文姓名
（Name in Chinese）</td><td>英文姓
（Surname in English）</td><td>英文名
（Given Name in English）</td></tr>
<tr><td>性别（Sex）</td><td>出生日期（Date of Birth）</td><td>国籍（Nationality / Region）</td></tr>
<tr><td colspan="2">证件种类/号码（Type of ID/No.）</td><td>停留事由（Object of Stay）</td></tr>
<tr><td>签证（注）种类/号码
（Visa Type/No.）</td><td>签证（注）有效期
（Validity of Visa）</td><td>签证（注）机关
（Place of Issue）</td></tr>
<tr><td>入境日期（Date of Entry）</td><td>入境口岸（Port of Entry）</td><td>何处来/去（Where From/to）</td></tr>
<tr><td colspan="2">公司/职位（Company/Occupation）</td><td>贵宾卡号（VIP Card）</td></tr>
<tr><td colspan="2">电子邮箱（E-mail）</td><td>联络号码（Contact No.）</td></tr>
<tr><td colspan="3">永久住址（Permanent Address）</td></tr>
<tr><td>备注（Remarks）</td><td colspan="2">报纸选择，请打“√”：
Newspaper Request. please mark “√”
□ 本地报纸　□ 英文报纸　□ 网页
（Local）　（English）　（Internet page）</td></tr>
<tr><td>预收押金
（Advance Deposit）</td><td colspan="2">结账方式（My Account Will Be Settled By）：
□ 现金　□ 公司账　□ 住房凭证　□ 信用卡　□ 其他
（Cash）　（Company）　（Voucher）　（Credit Card）　（Other）</td></tr>
<tr><td colspan="3">请注意：
本酒店对任何住客客房遗失的现金、珠宝或其他贵重物品并不承担任何责任，在前台设有免费保险箱，客人务必遵守有关的使用规则和条件。
Please Note: The hotel is not responsible for any money，jewelry or other valuables left by guests in the rooms. Safe deposit boxes，subject to the terms and conditions for use，are available free of chare on the front desk.</td></tr>
<tr><td>客人签名
（Guest Signature）</td><td>接待员
（Check in Assistant）</td><td>收款员
（Check out Assistant）</td></tr>
</table>

[学习资料包2] 前台服务

资料名称：客人入住工作标准流程　　　　索引号：QT13

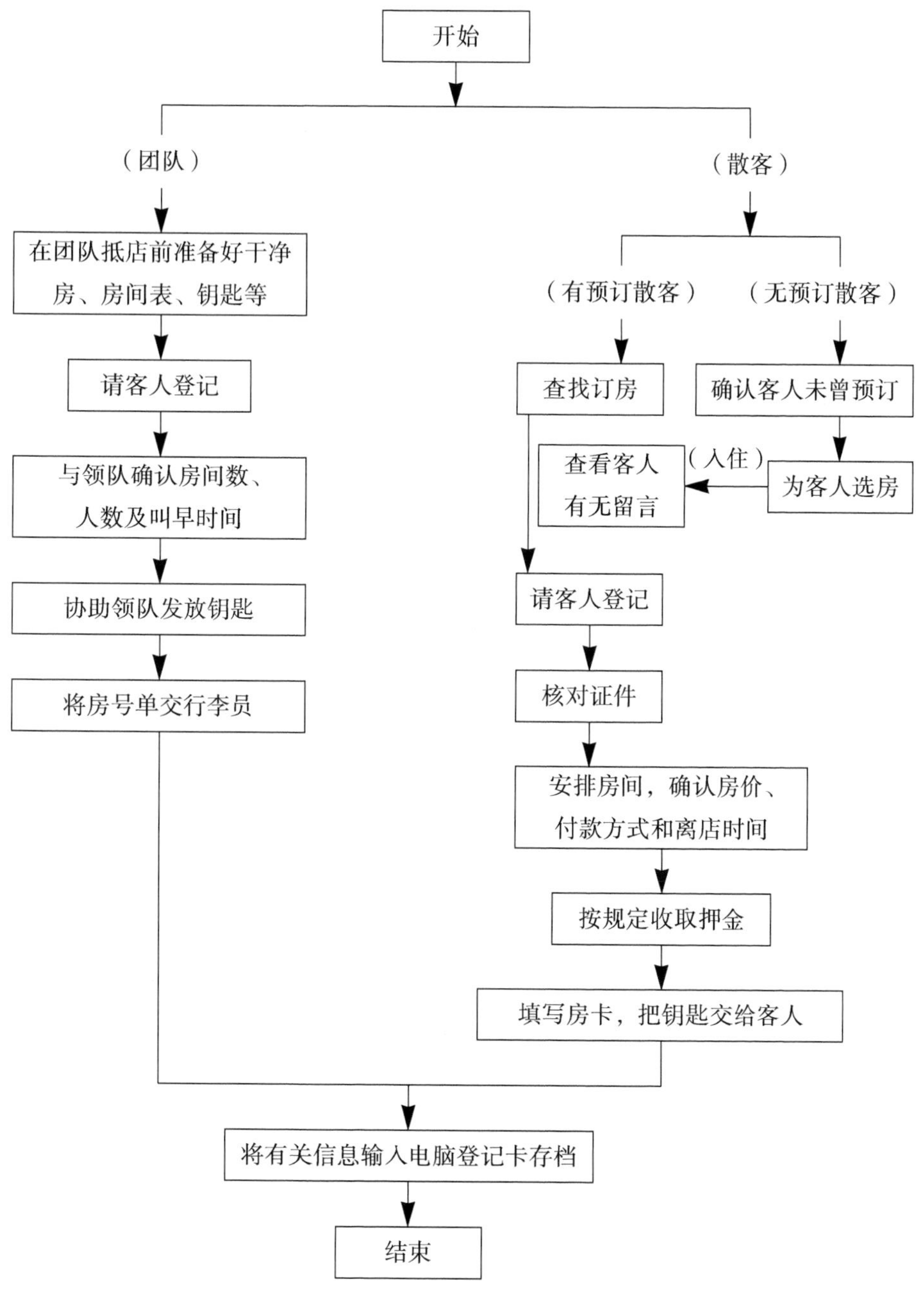

资料名称：房间分配工作标准流程　　索引号：QT14

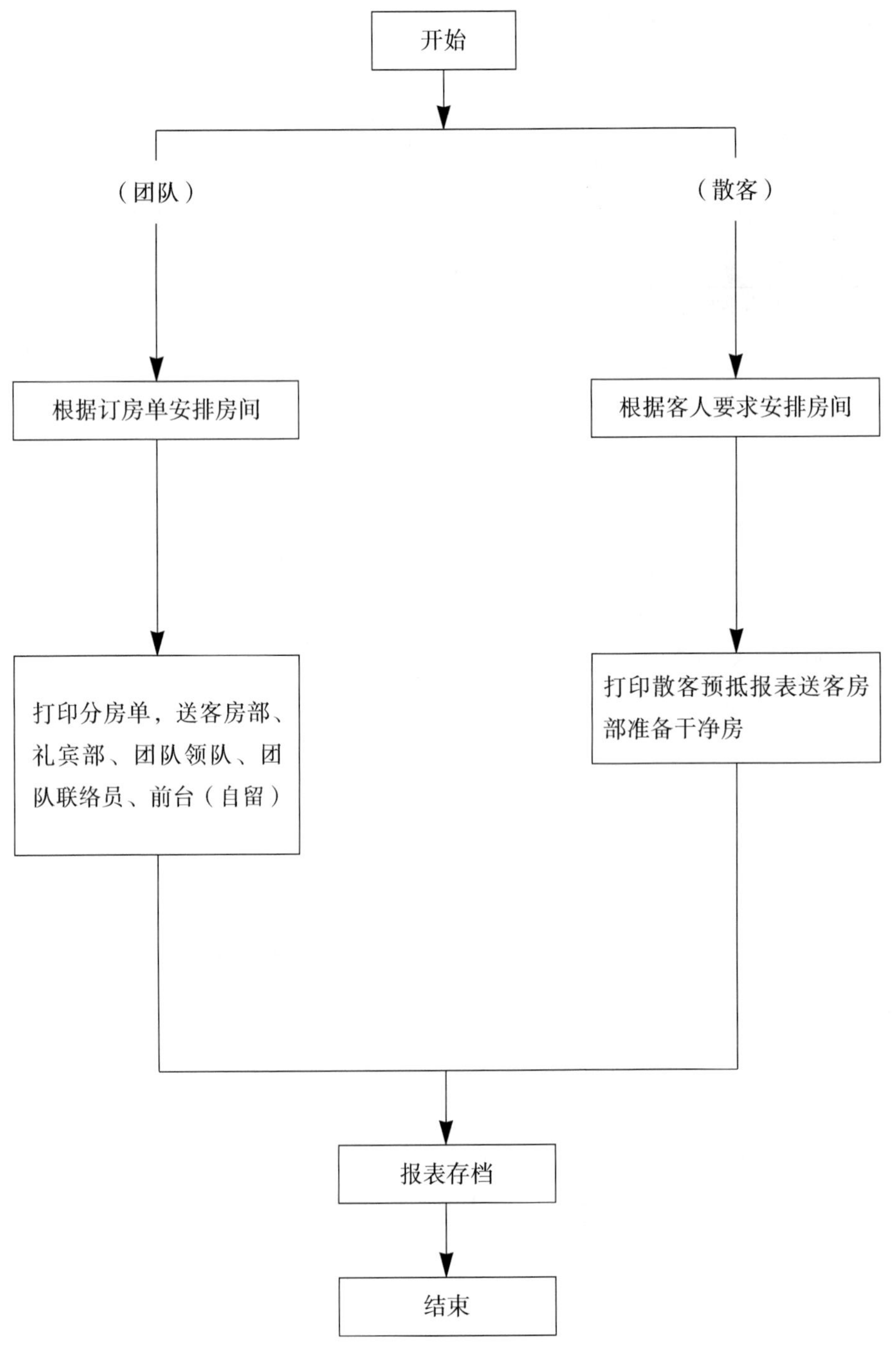

资料名称：前台交接班登记表　　　　　　　　　　　　　　　　索引号：QT15

前台　月　日交接班登记表

<table>
<tr><td>营业情况</td><td colspan="6">住房　间　　　　空房　间</td></tr>
<tr><td>特殊宾客情况</td><td colspan="6"></td></tr>
<tr><td rowspan="2">到店团体情况</td><td>编号</td><td>团称</td><td colspan="2">到店情况</td><td colspan="2">欠办事项</td></tr>
<tr><td></td><td></td><td colspan="2"></td><td colspan="2"></td></tr>
<tr><td>外出房间门匙</td><td colspan="6"></td></tr>
<tr><td rowspan="2">交班人</td><td>接待处</td><td></td><td rowspan="2">接班人</td><td>接待处</td><td colspan="2"></td></tr>
<tr><td>询问处</td><td></td><td>询问处</td><td colspan="2"></td></tr>
<tr><td>预订情况</td><td colspan="6"></td></tr>
<tr><td rowspan="2">客人留言情况</td><td>姓名</td><td>房号</td><td>接留言人</td><td>留言时间</td><td>保留时间</td><td>交办情况</td></tr>
<tr><td></td><td></td><td></td><td></td><td></td><td></td></tr>
<tr><td rowspan="3">房间特殊情况</td><td>无行李房间</td><td colspan="5"></td></tr>
<tr><td>未办续住房间</td><td colspan="5"></td></tr>
<tr><td>特殊房间</td><td colspan="5"></td></tr>
<tr><td>其他情况</td><td colspan="6"></td></tr>
</table>

资料名称：未预订客人入住服务标准　　　　　　　　　　　　　　索引号：QT16

■ 接到客人入住要求

（1）客人到店，询问客人是否有预订；若酒店出租率较高，需根据当时情况决定是否可接纳无预订客人入住。

（2）确认客人未曾预订，酒店仍可接纳时，表示欢迎客人到来。

（3）为客人选房。

（4）检查客人在酒店是否有特殊价或公司价。

（5）用最短时间为客人办理完入住手续。

■ 确认房费和付款方式

（1）办理入住时确认房费。

（2）按规定收取押金。

■ 信息储存

（1）接待客人完毕后，立即将所有相关信息输入电脑系统，包括：客人姓名的正确拼写、地址、付款方式、国籍、护照号码、离店日期等。

（2）检查信息的正确性，并输入客史档案中。

（3）登记卡要存放至客人入住档案中，以便随时查询。

资料名称：住店客人换房服务标准 **索引号：QT17**

■ 接到客人要求

（1）接到客人换房的要求时，问清原因，并表示道歉。

（2）根据客人要求，选择适当房间。

■ 办理换房手续

（1）填写房卡、换房单，并输入电脑。

（2）换房单要及时分发至各有关部门。

① 客房部：将客人的原住房房态改为结账房。

② 礼宾部：及时协助客人提拿行李转房。

③ 洗衣房：正确掌握客人的新房间号码，以便及时将客人送洗的衣服送到新的房间。

④ 总机：准确、及时为客人转接电话。

⑤ 收银处：将换房信息输入电脑。

（3）更换客人的档案栏（更改房间号码），将登记卡及有关文件放入新房间的档案中。

资料名称：客人续住服务标准 **索引号：QT18**

■ 接到客人要求

（1）问清客人姓名、房号、续住时间。

（2）了解当日和近日客房状态。

■ 旅行社凭单结账或已付房费房间的续住处理

（1）向客人重申付款方式、房价，如不能提供原优惠房价，向客人说明，必要时请示上级处理。

（2）根据电脑资料填写《客人登记表》，注明续住时间和付款方式。

（3）请客人重新交预付金，并通知收银处做账务处理。

（4）用电脑续住功能修改客人离店日期并输入新房价，办理续住手续。

（5）办理方式与新开房程序相同。

■ 交预付金或已预刷卡房间的续住处理

（1）了解房间是否已结账。

（2）根据电脑资料填写《续住登记表》。

（3）对交预付金的客人，请客人到收银处重交预付金；对预刷卡已结账的客人，重新预刷卡。

（4）用电脑续住功能办理续住手续。

（5）电脑通知客房服务中心续住情况。

■ 换人续住房间的处理

（1）了解房间是否已结账。

（2）征得原住客同意，并做好新入住客人的登记，注明换人续住。

（3）确认新客人的付款方式。

（4）按规定办理入住手续。

（5）在原《客人登记表》上注明已退房及退房日期。

（6）将新客人资料输入电脑。

资料名称：前台办理入住登记、验证服务标准　　索引号：QT19

■ 新员工上岗前，将登记验证作为重点工作进行培训，经公安机关考试合格后持证上岗。

■ 登记时，接待员必须认真核对《住宿登记表》上的所有项目，严格执行公安部门的有关宾客登记、验证及户籍管理的规定。身份证和护照、签证必须齐全、有效，发现过期失效的一律不得办理入住登记手续。发现查控人员，立即报告安全部门。

■ 当班经理、主管负责检查当班接待员入住宾客的登记，若有遗漏要及时与宾客联系补齐，以确保信息准确。

■ 在登记、验证过程中，如遇接待员不能处理的特殊情况，须逐级上报，不可擅自处理。

■ 定期对登记、验证工作进行考核，考核不合格者不允许上岗。对在登记、验证方面出现问题的接待员，视情节轻重进行处理。

资料名称：前台接待服务标准　　索引号：QT20

■ 接待员上岗前按规定着装，服装挺括、整洁，皮鞋光亮；左胸前佩戴胸牌；头发梳理整齐，男员工头发不过衣领，不留胡须，女员工头发不得过肩。

- 接待员在岗时站立服务，站姿端正，保持自然亲切的微笑，任何时间不得随意离岗。
- 接待员要礼貌周到，见到客人主动打招呼，对客人用敬语，语言规范、清晰，如遇繁忙，请客人稍等。
- 接待员要热情接待客人，用相应语言接待中外客人，提供周到、细致的服务。
- 接待员要态度和蔼、亲切，切勿谢绝客人，应使客人感到亲切、愉快。
- 接待员要服务快捷、准确，为客人办理入住登记手续不得超过三分钟。
- 接待员要准确、及时将客人抵、离时间和各种活动安排通知有关部门，保证衔接无差错。

项目三 前厅综合服务

［实训目标］

本项目重点掌握宾客迎送、行李、问讯、收银、电话总机、委托代办、酒店商务等前厅综合性服务环节的基本程序和操作要求。通过本项目的训练，学员应当达到如下标准。

- 能够按照规定的服务标准开展迎送、行李、问讯等礼宾服务。
- 能够使用电脑系统熟练进行收银服务。
- 能够熟练操作传真、复印等办公设备，处理商务中心日常业务。
- 能够热情、周到地为客人服务，妥善处理客人投诉事项。

［资料索引］

学员要完成本项目的技能训练，必须重点阅读如下资料。

序号	资料名称	索引号
1	入店行李服务标准流程	QT21
2	处理客人遗留物品及认领工作标准流程	QT23
3	接受、处理客人投诉工作标准流程	QT24
4	商务中心服务标准流程	QT26
5	客人投诉处理工作标准	QT29
6	账项争议处理标准	QT33
7	留言处理工作标准	QT34
8	前台收银操作规范	QT43

［工作情境］

基本客情状况同［项目二］，现接待的客人主要包括一个会议团体、一个旅行团体，另有部分散客入住。

［任务1］接待与行李服务

学员以小组为单位，通过角色扮演，模拟团体接待的各项服务。

1. 门童店门迎接模拟训练程序

（1）当客人的车辆抵达时，门童应主动为客人开车门，并护顶。

（2）向客人问好，表示欢迎。

（3）请行李员为客人搬运行李；记下出租车的车牌号。

（4）为客人开酒店的大门（自动门和旋转门除外），请客人进入大堂。

（5）客人离店时主动为客人安排车辆。

（6）为客人开启车门、护顶，协助其上车。

（7）协助行李员装行李，记下车牌号备查。

（8）向客人挥手道别，并祝客人一路平安。

左手护顶

行李服务

2. 行李服务模拟训练程序

（1）帮助客人卸行李，并请客人清点过目，再帮客人提拿。

（2）领客人进入大堂到接待处办理入住登记手续。

（3）客人办理入住登记时，行李员站在客人身后，距离客人2~3步远，行李放在跟前等候。

（4）接过客人的房卡和钥匙卡，引领客人进入楼层。

（5）为客人叫电梯，先让客人进入电梯，并按好楼层键，电梯到达后让客人先出电梯。

（6）到达客房门口，按酒店规定的程序开门；打开房门后开灯，退出客房，用手势示意客人先进。

（7）行李放在行李架上，介绍房内设施、设备。

（8）行李员离开客房前礼貌地向客人道别，并祝客人住宿愉快。

（9）回到礼宾部填写《散客行李登记表》。

［任务2］离店收银服务

1. 散客退房

本次接待的会议团体所有人员的会务费、餐费等由会务组统一收取，住宿费为自理形式，由酒店向客人分别收取。会议结束后为陆续离店的客人办理退房结账手续。

模拟训练程序如下。

（1）问候客人，问清客人是否退房结账。

（2）确认客人的姓名和房号，并与客人账户核对。

（3）检查客人的退房日期，若客人是提前退房，则应通知相关部门，查核各营业点消费单是否送达前厅收银。

（4）核实延时退房是否需要加收房费。

（5）通知楼层查房。

（6）委婉地询问客人是否还有其他即时消费。

（7）将核对过的客人分账户及客人的账单凭证，交客人过目，并请客人在账单上签名确认。

（8）确认付款方式，客人结账，如果客人入住时交有押金，则收回押金单据。

前台刷卡收银

（9）收回客人的房卡和房门钥匙，检查客人是否有贵重物品寄存，并提醒客人。

（10）行李员提供结账行李服务。

（11）问清客人是否要预订返程日客房。

（12）更新前厅相关信息资料，如房态表和住客名单等，将客人结账离店消息通知相关部门。

（13）做好账、款的统计和材料的存档工作，以方便夜审。

2. 团体退房

本次接待的旅行团包宿期满，欲办理离店手续，要求用旅行社的银行信用卡结账，请你按服务程序完成该旅行团的结账收银工作。

（1）通知楼层查团体走房。

（2）打印账单，做到转账和客人自付分开。

（3）将旅行团账单凭证交领队过目，并请其在账单上签名确认；确认付款方式，用信用卡在线支付（POS刷卡），团体房价不可泄露给旅行团其他客人。

（4）为有账目（自付）的该团客人打印账单，结账。

（5）收回房卡和钥匙。

［任务3］客人投诉事项处理

住在3010房间的两位散客通过电话向总台反映，由于对面3005房间为会议团体的会务组用房出入人员较多，影响了他们的正常休息，要求调换房间。请你妥善处理此事，为其调换房间。

1. 注意把握投诉处理的原则

（1）真心诚意帮助客人。前厅服务人员要理解投诉客人当时的心情，同情其所处环境，并满怀诚意地帮助客人解决问题，满足其需求。

（2）绝不与客人争辩。应注意礼貌、耐心地倾听客人的意见，绝不可争强好胜，不可与客人发生争执。

（3）维护酒店应有的利益。在听取客人意见，表示愿意帮助客人的同时，注意不要损害酒店的利益，不可随意推卸责任，或者当着客人的面贬低酒店其他部门或员工。除非客人物品因酒店的管理不善而遗失或损坏，否则退款或减少收费等措施不是处理投诉的最佳方法。对于绝大多数的投诉，酒店应通过面对面的额外服务给客人更多的体贴、关心和照顾，并尽快解决问题。

2. 按照如下程序进行投诉处理

（1）保持冷静，耐心倾听。

（2）用恰当的语言对客人表示同情和理解。

（3）不转移目标，不找借口责备他人。

（4）记录要点。

（5）将要采取的措施和解决问题所需时间告诉客人。

（6）立即行动，解决问题。

（7）检查、落实客人投诉的问题是否已得到圆满解决。

（8）归类存档。

［任务4］问讯服务

江河先生前来维多利亚酒店拜访在此开会的朋友洪涛，现正在问讯处查询，问讯员小林在接待江河先生。请模拟问讯员接待访客的情境。

（1）主动问候，询问客人的需求；

（2）问清住客的姓名并查找住客的资料，注意住客有无保密要求；

（3）确有该住客，且住客无特别保密要求，则告知受访者确实入住本酒店；

（4）询问访客的姓名、身份，打电话到住客房间，若住客愿意会见访客，则告知房号，否则不能将房号告诉访客；

（5）住客此时不在房内，则建议访客留言，或建议另找时间联系，告知总机号码。

接待过程中，可参考如下对话。

林：早上好！欢迎光临。先生您有什么需要帮忙的？

江：我是住在你们酒店的洪涛先生的朋友，请问他住几号房？

林：先生，请您稍等，让我查一下……是的，洪涛先生是住在我们酒店。请问先生您的姓名？

江：我叫江河。

林：江先生您好，请您稍等，让我打电话到洪先生房间看他是否在房内。

文印服务

江：不用麻烦了，你只要告诉我他的房号就行了。

林：非常抱歉，按酒店规定我现在不能告诉您房号。不过请您等候片刻我马上与洪先生取得联系。（打电话进房间后无人接听）很遗憾，洪先生现在不在房间。江先生您是否需要留言，洪先生一回来我们就会转告他。

江：不用了，你只要告诉我他的房号，我等会儿再来找他。我是他的朋友，我不会给他添麻烦的。

林：我当然相信您是他的朋友，但是为住客保密是我们的职责，再说您肯定希望您朋友在我们这儿是安全的，是吗？不过您等会儿可以打电话到总机，看看洪先生是否已经回来，我们总机电话号码是1234567。您看行吗？

江：我现在要去办事了，不能等他了。

林：要么，您留下您的联系电话，等洪先生一回来我们就立即通知他与您取得联系。您看如何?

江：好吧，我的电话是7654321。

[任务5] 商务中心服务

负责会议组织工作的一名会务组工作人员来到商务中心文印室，称其会前所准备的会议文件资料不够，要求为其再复印15套，有关费用采用挂账形式，等会议结束时统一结账。请你完成此项服务，并办理商务中心签单手续。

[学习资料包3] 前厅综合服务

资料名称：入店行李服务标准流程 **索引号：QT21**

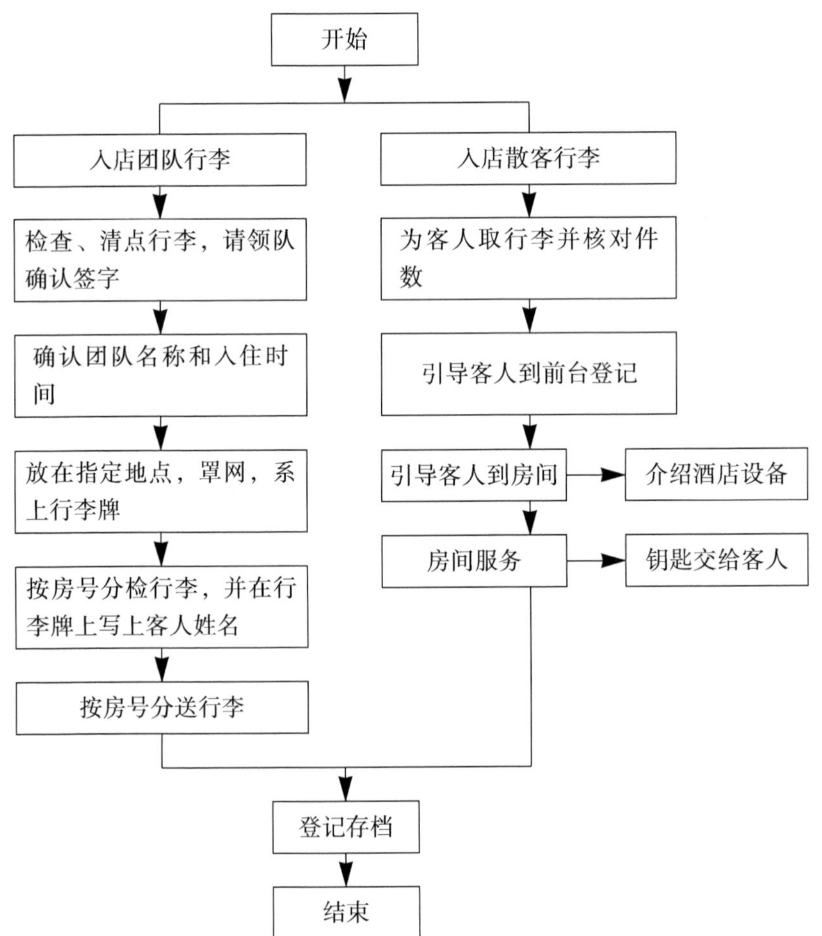

资料名称：团队离店行李服务标准流程　　索引号：QT22

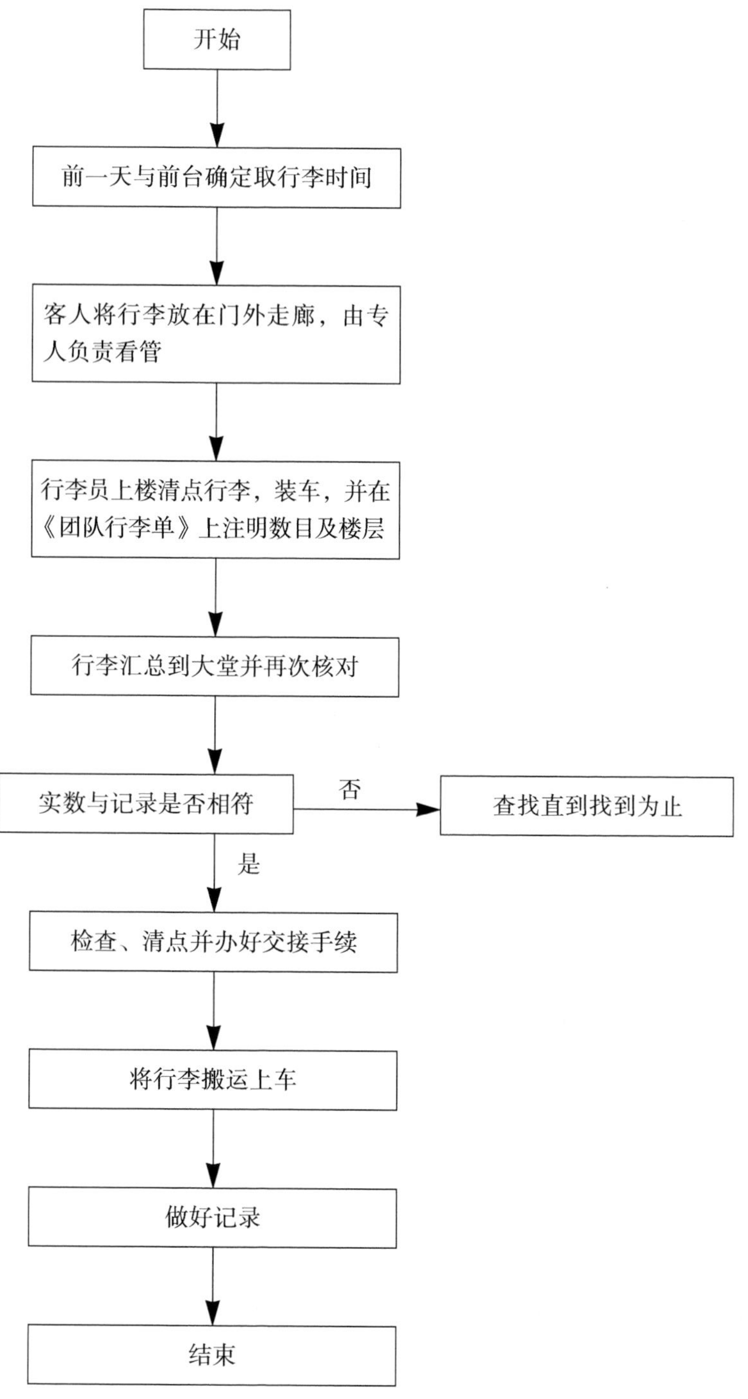

资料名称：处理客人遗留物品及认领工作标准流程 **索引号：QT23**

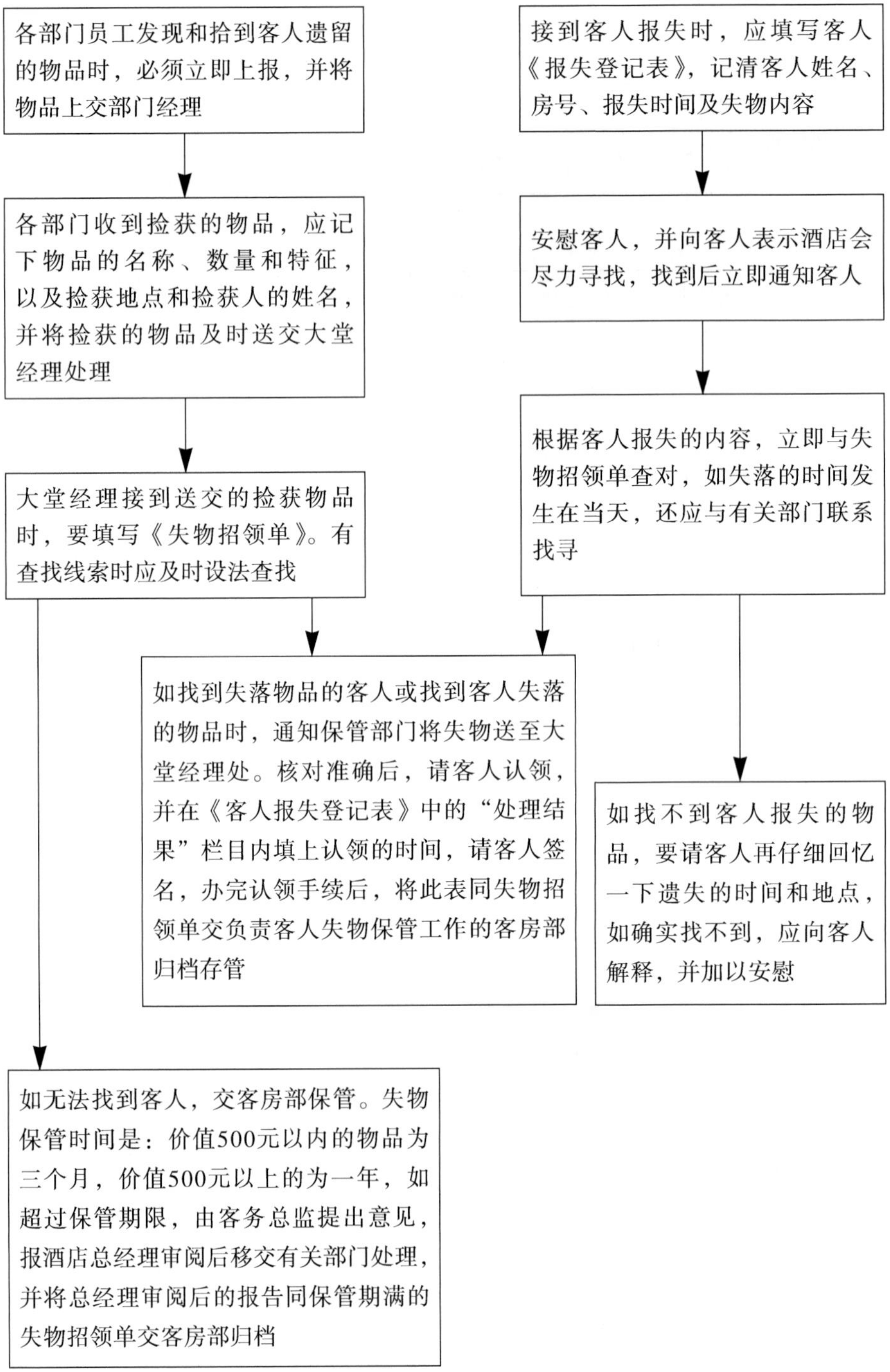

各部门员工发现和拾到客人遗留的物品时，必须立即上报，并将物品上交部门经理

↓

各部门收到捡获的物品，应记下物品的名称、数量和特征，以及捡获地点和捡获人的姓名，并将捡获的物品及时送交大堂经理处理

↓

大堂经理接到送交的捡获物品时，要填写《失物招领单》。有查找线索时应及时设法查找

接到客人报失时，应填写客人《报失登记表》，记清客人姓名、房号、报失时间及失物内容

↓

安慰客人，并向客人表示酒店会尽力寻找，找到后立即通知客人

↓

根据客人报失的内容，立即与失物招领单查对，如失落的时间发生在当天，还应与有关部门联系找寻

↓

如找到失落物品的客人或找到客人失落的物品时，通知保管部门将失物送至大堂经理处。核对准确后，请客人认领，并在《客人报失登记表》中的“处理结果”栏目内填上认领的时间，请客人签名，办完认领手续后，将此表同失物招领单交负责客人失物保管工作的客房部归档存管

如找不到客人报失的物品，要请客人再仔细回忆一下遗失的时间和地点，如确实找不到，应向客人解释，并加以安慰

如无法找到客人，交客房部保管。失物保管时间是：价值500元以内的物品为三个月，价值500元以上的为一年，如超过保管期限，由客务总监提出意见，报酒店总经理审阅后移交有关部门处理，并将总经理审阅后的报告同保管期满的失物招领单交客房部归档

资料名称：接受、处理客人投诉工作标准流程　　索引号：QT24

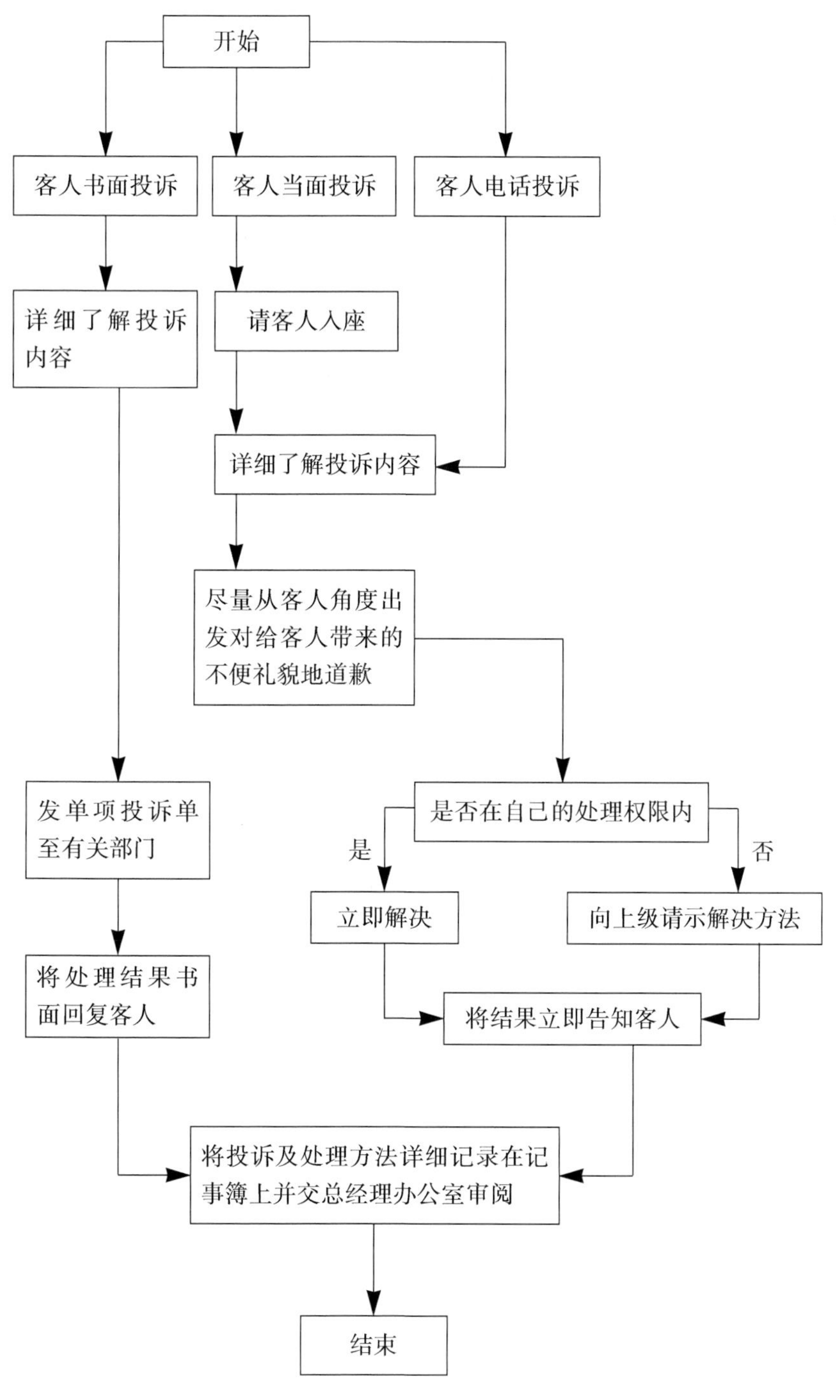

资料名称：住店客人换房标准流程 **索引号：QT25**

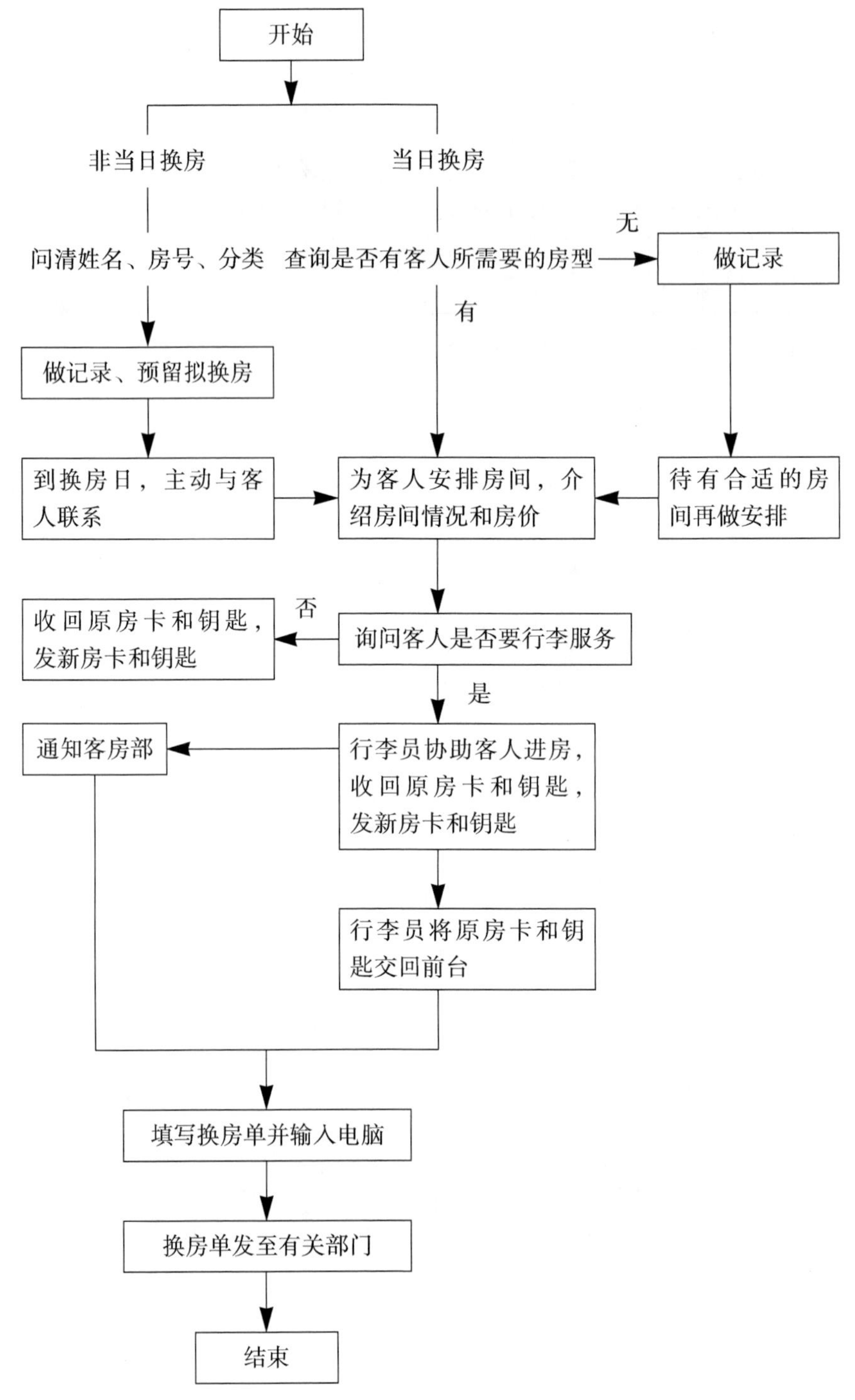

资料名称：商务中心服务标准流程　　　　索引号：QT26

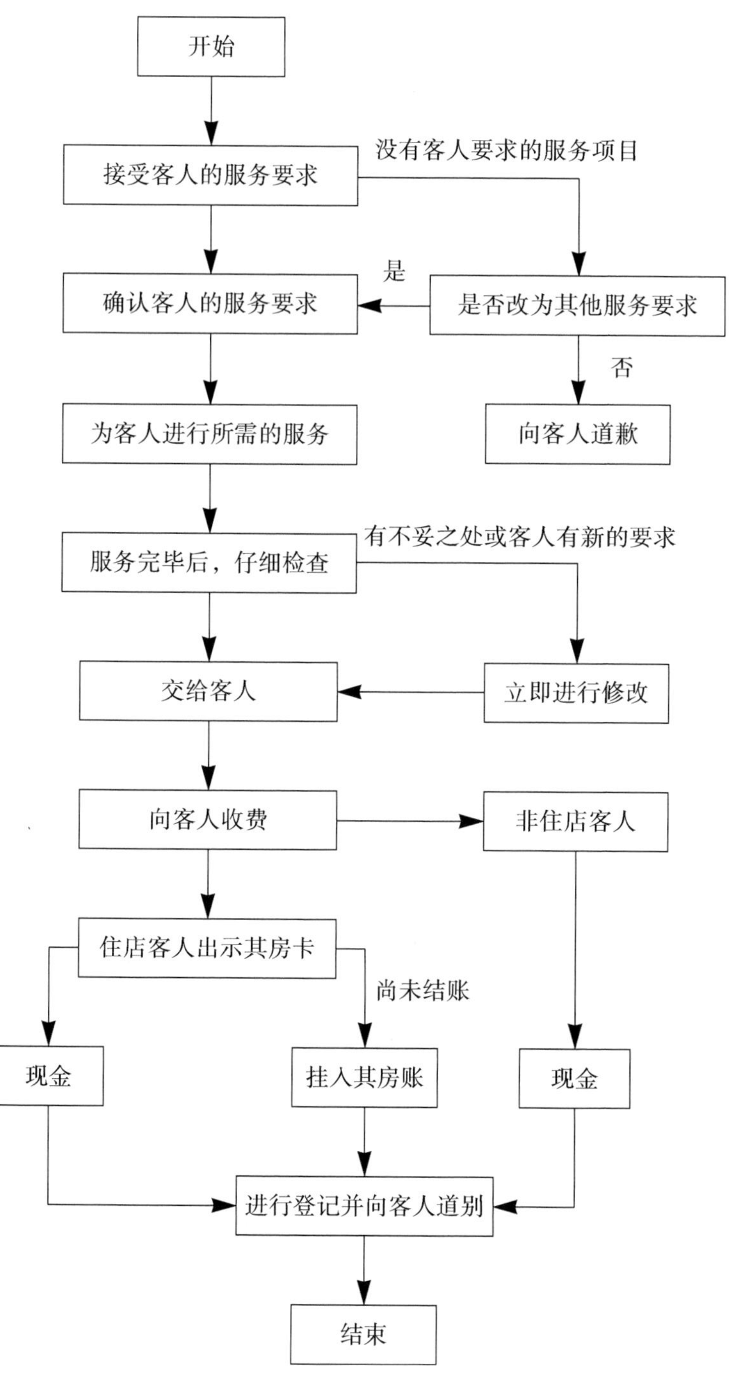

资料名称：大堂副理岗位职责标准 **索引号：QT27**

- 代表酒店迎送VIP客人，熟记贵宾姓名，处理主要事件并记录特别贵宾以及值得注意的客人的有关事项。
- 根据酒店有关规定和授权，决定是否受理客人支票及处理关于客人结账时的问题及其他询问。
- 迎接及带领VIP客人到指定的房间，并介绍房间设施。
- 做VIP客人离店记录，落实贵宾接待的每一个细节。
- 处理换锁、换钥匙的工作并做好记录。
- 处理客房部报房表上与接待处有误差的房间，亲自锁定房间。
- 处理客人投诉，用个人对酒店的认识及针对客人心理解决问题。
- 替得病或发生意外事故的客人安排送护或送医院事宜。
- 发生紧急事件时，必须（在没有上司请示时）作主动决断的指示。
- 与保安部及接待处联系，取得资料，作出“意外”、“病客”报告。
- 应尽量参与接待处工作，了解当天及以后房间状态走势。
- 巡查酒店内外部以保证各项功能运行正常，及时排除可以防范的弊端。
- 与客人谈话时可适当推广酒店设施。
- 完成管理人员如总经理、副总及直属上司指派的工作。
- 与保安人员及工程部人员一起检视发出警报的房间区域。
- 与财务部人员配合，追收仍在酒店住宿客人拖欠的账款。
- 必要时可以指挥其他部门人员协助工作。
- 刮台风时（前）联合其他有关部门采取相应防风措施。
- 遇危险事故而没有高层管理人员可请示时，应作出适当决定，视情况需要疏散客人（如火警、炸弹恐吓）。
- 向管理层反映有关员工表现和客人意见。
- 负责贵重物品遗失被寻获的处理工作。
- 检查前厅大堂范围内需维修的项目，跟办维修单。
- 做好本组范围内的防火防盗工作和协查通缉犯的工作。
- 每天坚持在值班记录本上记录当天发生的事件及投诉处理情况，并交前厅部经理。
- 制定已经预订未抵达的客人处理工作标准
- 阅读报表

准确了解已经预订未抵达客人的全部情况，并查询电脑，确认这些客人是否已住店。

■ 记录订房人的资料

将电脑中储存的客人订房代理人的姓名、电话号码迅速抄写在报表的订房单位栏中，以便订房人联系询问客人未抵达的原因。

■ 记录原因

根据对订房人的电话询问内容和结果，准确无误地将客人未能抵达的原因记录在报表上。

■ 报送

第二天由前厅经理审核无误后上报总经理。

■ 存档

按照日期存档，以备日后查寻。

资料名称：行李生及商务中心服务员岗位职责标准　　索引号：QT28

1. 行李生岗位职责标准

■ 在礼宾组领班领导下，负责酒店宾客行李搬运、清点工作。

■ 随时听从接待员的召唤，迅速接受带房任务。

■ 向客人推销酒店各项服务，介绍酒店客房设施。

■ 负责将住店客人的物品、报纸、邮件、留言单及前厅通知发送的邮件等物品分送到客房、楼面或有关部门。

■ 回答客人提出的有关询问，尽量满足客人的要求。

■ 受理委托寄存、保管行李物品和办理登记等有关手续。

■ 负责来访客人的登记，协助维持大堂秩序，控制好大堂灯光。

■ 自觉遵守酒店各项规章制度，努力学习，积极工作，圆满完成本职工作和领导交办的其他工作任务。

2. 商务中心服务员岗位职责标准

■ 工作积极主动，文明礼貌服务，严格要求自己，努力提高服务质量。忠于职守、讲求效率、自重自爱、秉公办事，不利用工作之便谋私利、干私活。

■ 为酒店宾客提供长途电话、电传、传真、复印、打字等秘书性服务工作，直接对商务中心领班和主管负责。

■ 听从上级指挥，服从领班安排，努力完成领导交办的每一项业务工作，力求保质保量为客人提供快捷服务。

- 商务中心服务员要求具备过硬的外语知识和打字技术，熟悉和掌握所用仪器设备的性能、保养和简单维修，以便迅速、准确地为客人提供服务。
- 熟悉电报、电传、复印等各项业务，严格按照操作规程工作。
- 微笑服务，对客人热情有礼，有问必答，尽量满足客人的要求，耐心解释客人的疑问。
- 自觉遵守酒店的各项规章制度和《员工守则》，认真做好交接班工作。
- 刻苦钻研业务，对技术精益求精，努力提高业务水平，提高整个商务中心的服务质量。

资料名称：客人投诉处理工作标准 **索引号：QT29**

- 接受投诉

（1）聆听投诉

①聚精会神聆听顾客投诉。

②所有投诉，都须表示理解接受和安慰，绝不允许与客人争论，而应站在客人立场表示理解其感受，了解其意向。

（2）认真记录

①客人在投诉时吵闹或喧哗，应将其与其他顾客分开，以免影响他人。

②在工作本上记录此事，可使投诉者说话速度放慢，并使之感到酒店对此投诉的重视。

（3）回答投诉

①摆出事实，明确指出投诉者的问题所在，恰到好处地回答顾客的投诉，如有可能，提供其选择的机会。

②切勿轻易做出权力范围外的许诺。

- 处理投诉

（1）接纳投诉

①接纳投诉后，应视实际情况代表酒店作礼仪性的致歉；

②如需转告有关部门，应及时联络有关部门处理，并在最短时间内给客人明确答复。

（2）注意跟办

①在处理投诉后要注意跟办，发觉不当应及时纠正，使投诉者感到酒店对其投诉的重视。

② 事后将结果、涉及部门、姓名、房号等记录在日志上并向上级汇报。

■ 处理结果

（1）通知客人

处理完客人投诉各个事项后，及时将结果通知本人，以表示酒店对客人的重视。

（2）感谢客人

向客人致谢，表示欢迎客人提出意见，使酒店在客人心目中留下美好印象。

资料名称：客人丢失物品处理标准 **索引号：QT30**

■ 接到客人反映丢失物品事件

向客人表示歉意，并记录发生地点和丢失物品。

■ 采取措施

（1）通知保安部并与保安人员共同到达现场。

（2）当客人与保安人员发生语言障碍时，负责翻译。

（3）协助保安人员在丢失地点查找丢失物品。

（4）若在现场未能找到丢失物品，请客人填写丢失报告并签字。

■ 丢失报告的处理

（1）如客人在丢失报告中有指控酒店的内容，则不能签字。

（2）如客人有要求，可将丢失报告复印件交给客人保存。

（3）向总经理、住店经理、财务总监、客务总监和保卫部门各送一份丢失报告复印件。

（4）自备原始报告存档。

■ 记录

记录事件整个过程。

■ 联络

随时与保安部联系，了解事态进展状况，以便及时将结果通知客人。

■ 赔偿

（1）如客人离店前丢失物品尚未查明，而客人坚持要求赔偿时，向客人解释在客人登记住房卡上已注明酒店关于丢失赔偿的政策。

（2）向客务总监报告，请示裁决办法。

（3）赔偿办法

① 若客人仍在住店，可以采取如下办法。

a. 从客人在酒店消费的金额中减去赔偿金额。

b. 将赔偿金额划到客人提供的银行账号上。

c. 现金赔偿。

② 若客人已经离店，可通过客人留下的地址进行联系，协商赔偿方法。

资料名称：客人损坏酒店财物处理工作标准　　索引号：QT31

■ 调查

接到客房部通知客人损坏酒店财物的报告后，亲自检查被损物品，与客人核实情况。

■ 查阅价格

查阅被损物品的赔偿价格。

■ 索赔

直接与客人联系，礼貌地讲明酒店制度并要求赔偿。

■ 被损物品物件小、价值低，可及时弥补的处理

（1）向损坏者表明酒店将保留向其索赔的权利，或即时判断赔偿金额，或付现金，或打入房账并填写赔偿单。

（2）若客人不在场时先打入其房账并填写赔偿单，再留言，请其与大堂经理联系，由大堂经理向其解释说明。

（3）用相机拍摄现场。

■ 被损物品物件大、价值大，无法及时弥补的处理

（1）判断是否有潜在危险，通知工程部人员到场判断即时拆换或封锁现场危险区。

（2）向损坏者表明酒店将保留向其索赔的权利，或第一时间判断金额和索赔，或付现金或打入房账，填写赔偿单。

（3）填写酒店财物损坏报告，连同现场照片呈交管理层及有关部门。

■ 客人离店后处理

若客人已离开酒店而找不到当事人向其索赔，须记录事情经过并向上级汇报。

■ 善后工作

（1）通知有关部门进行事后跟进。

（2）将详细情况记录于值班日志上。

资料名称：客人受伤事件处理标准 **索引号：QT32**

■ 前往现场

（1）接到报告后立即前往现场。

（2）询问受伤者的伤情。

（3）如需要，建议伤者前往医院接受进一步检查。

（4）如伤情严重，安排能与客人进行语言沟通的酒店人员陪同伤者去医院就诊。

■ 填写受伤报告

（1）填写受伤报告，内容包括：事件发生地点、时间、受伤人员情况、证人等详细资料。

（2）将受伤报告的复印件上交总经理、驻店经理、财务总监，并根据事件发生地点分别上交客务总监、工程总监、餐饮总监和保安部经理。

■ 联络

（1）立即将事件向酒店领导汇报。

（2）及时与在医院的陪伴人员联系，随时掌握客人伤情，保证酒店领导了解最新状态。

■ 提供帮助

与有关部门合作，为伤者提供一切酒店能够给予的帮助，如客用品和食品等。

■ 记录

（1）详细记录事件发生和处理过程。

（2）保存好受伤报告，但不能给客人。

资料名称：账项争议处理标准 **索引号：QT33**

■ 账项争议情况

在客人退房时声称其账项由公司支付或现金不够支付，而其公司又没有与酒店签署信贷协议的情况下，大堂经理负责协调解决。

■ 判断

根据客人资料、背景、入住率等判断是否可行。

■ 允许认同公司支付

（1）根据公司过往信誉，采取灵活应付措施。

（2）请其提供公司名称、电话号码、传真号码、支付联系人等，同时致电此公司确认，尽量要求公司将其资料传真至酒店，并提出结账期限。

■ 允许推迟结账

若客人不够现金支付亦无信用卡，也联系不到朋友支付，客人自愿提出以证件作抵押时；大堂经理需要求客人在账单上签名并注明其证件是自愿抵押，由收银处保管，并提出结账期限。

■ 权力外处理

若在权力之外，应视情况请示上级。

■ 交班

将详细情况记录于日志，并交班跟办。

资料名称：留言处理工作标准　　　　索引号：QT34

■ 查寻客人信息

（1）接到留言要求后，迅速在电脑中查寻客人的名字、房号是否与要求留言者所提供的信息相符。

（2）核对客人是否正在住店，客人是否预抵但尚未登记入店，除非客人已结账离店，否则应做留言。

■ 准确记录留言内容

（1）记录留言方姓名、电话号码，是从何处打来的电话。

（2）准确记录留言内容。

■ 重复留言内容

将对方姓名、住店客人姓名、电话号码及留言内容重复一遍以获确认。

■ 留言条处理

（1）打印留言条，装入留言信封。

（2）一联留言条交行李员在30分钟之内送往客人房间，一联留底备查。

■ 总机接留言

（1）通过电话系统打开客人房间内电话上的留言灯，通知客人查询留言。

（2）通知前台做留言条处理。

■ 住店客人留言

将客人的房间号码、目前时间、客人姓名在留言登记本上记录后由行李员签字取走，送往客人房间。

■ 取消留言

（1）当客人收到留言后应将电脑中的留言取消。

（2）关掉留言灯。

■ 夜班核查留言

夜班问询员每天零点从电脑中打出当天留言记录表，取消当天在电脑中的留言，关掉房间里的留言灯。

■ 预抵客人的留言

（1）电脑留言方法和住店客人留言一致，只是留言储存在电脑中，等客人入店登记后由打印机自动打出。

（2）手工留言存放在问询处存档中，每天查询，在客人到店的当日将其取出，与客人住店登记卡放在一起，以便客人入住登记时及时收到留言。

■ 有时间限制的重要留言

（1）在所限时间前15分钟内仍无法联系到被留言的客人时，及时上报，采取查询客人接待单位，礼宾员摇铃寻人，客房部到房间确认房况及留言状态等措施。

（2）及时将处理结果反馈给留言者。

资料名称：团队入店行李服务标准　　　　索引号：QT35

■ 接收行李

（1）当团队行李送到酒店时，尽快推出行李车。

（2）点清行李件数，检查行李有无破损，如遇损坏，须请团队行李人员签字证明，并通知团队陪同及领队。

（3）客人下车后，上车检查是否有遗留物品。

（4）统计行李件数，请领队签名确认，并确定团队名称和入住楼层。

（5）整齐码放行李，全部系上有本酒店标志的行李牌，并用网子罩住，以防丢失、错拿。

■ 分检行李

（1）根据前台分配的房号分检行李，并将分好的房号清晰地写在行李牌上。

（2）与前台联系，问明分配的房间是否有变动，如有变动须及时更改。

（3）迅速将已知房号的行李送至房间。

（4）如遇行李姓名卡丢失的行李应由领队帮助确认。

■ 送行李到房间

（1）将行李平衡摆放在行李车上，在推车入店时，注意不要损坏客人和酒店财物。

（2）在进入楼层后，应将行李放在门左侧，轻敲门三下，报出“行李员 Bell Service”。

（3）客人开门后主动向客人问好，固定门，把行李送入房间内，待客人确认后方可离开，如果没有客人行李，应委婉地让客人稍候并及时报告领班。

（4）如客人不在房间，按照房号将行李放在房内行李架上。

（5）对于破损和无人认领的行李，要同领队或陪同及时取得联系以便及时解决。

■ 行李登记

（1）送完行李后将每间房间的行李件数准确登记在团队入店登记单上，开门直接送的行李应注意“开门”字样，并核对总数是否同刚入店时一致。

（2）按照团队入住单上的时间存档。

资料名称：团队离店行李服务标准 **索引号：QT36**

■ 准备

（1）仔细审阅前台送来的团队离店通知。

（2）将第二天预离团队的团号、房间号、人数与电脑内档案核实。

（3）与团队入店时填写的行李表核对，并重建新表。

（4）夜班领班将核实后的表格交下一班领班。

■ 收取行李

（1）依照团号、团名及房间号码到楼层收取行李。

（2）与客人确认行李件数，如客人不在房间则检查行李牌号及姓名。

（3）如客人不在房间，又未将行李放在房间要及时报告领班解决。

（4）按指定位置摆放行李，并罩好，以免丢失。

■ 核对

（1）统计行李件数是否与登记吻合。

（2）请陪同或领队一起过目，签字确认。

（3）当从前台得到该团行李放行卡后，方可让该团队离开。

■ 行李放行及存档

（1）团队行李员确认完毕行李件数及团号和团名后，请其在离店单上签上姓名及车牌号。

（2）把团队离店登记单存档。

资料名称：行李存放服务标准 **索引号：QT37**

■ 接待客人

（1）宾客前来寄存行李时，行李员应热情接待，礼貌服务。

（2）问清行李件数、寄存时间、姓名、房号。

（3）问清客人行李中是否有贵重、易碎或危险品，如有贵重品，应请其到大堂经理处寄存，如是危险品请其存在保安部，如是易碎品应为客人妥善保管。

■ 填写《行李寄存单》

认真填写《行李寄存单》，上联请客人签名，附挂于行李上，下联交给客人，并告知客人凭此单领取行李。

■ 保管行李

（1）将半天、一天短期存放的行李放置在方便搬运的地方。

（2）易碎品要悬挂“小心轻放”示意牌。

（3）一位客人多件行李，用绳连在一起以免错拿。

（4）发现长期不取的行李，应通知礼宾部主管。

■ 客人领取行李

（1）认真核对寄存单，到行李房迅速找到行李交给客人。

（2）《行李寄存单》应保留一个月备查。

（3）若客人不小心遗失《行李寄存单》，应适时安慰客人，并请其告知行李的特征、存入时间，回行李房寻找，找到后应请客人出示有关证件，将证件号码登记在《行李寄存本》上，请客人签名后再将行李交还给客人。

（4）帮助客人将行李搬运出店或送到新房间。

资料名称：贵重物品保险箱服务标准 **索引号：QT38**

■ 设在前台的贵重物品保险箱只限住店客人使用。

■ 在客人开启保险时，必须按照《贵重物品保险箱记录》上所列的各项内容一一填写清楚，不得缺项。

■ 客人在使用过程中，每次开启必须由客人本人填写记录，领班和使用人必须签名。

■ 保险箱必须由本人当面开启，其他任何人以任何形式都不可以代领。

■ 客人丢失钥匙，要请大堂经理和保安部人员到场，请工程部人员当面毁坏箱锁，重新配锁，并请客人照价赔偿。

■ 保险箱的钥匙必须由当班的领班负责保管，并与下一班的经理进行交接。

■ 定期检查保险箱使用情况和保险箱保管情况，发现问题及时上报。

■ 对保险箱的使用情况，每班要进行详细的交接记录。

资料名称：会议室出租服务标准 **索引号：QT39**

■ 接受预订

（1）店内客人预订会议室须问清姓名、房间号并告诉客人租金。

（2）店外客人来电话预订会议室须留下客人的姓名和电话号码。

（3）客人来商务中心预订会议室，请客人在《会议室预订日记本》上签字并交押金。

（4）所有商务中心的会议室预订必须在《会议室预订日记本》上记录。

■ 询问客人

（1）询问是否需要饮品，如茶、咖啡等。

（2）询问是否需要投影仪、录像机、放大机、信纸等。

（3）询问客人有无特殊要求，提前做好准备。

■ 检查会议室

（1）在会议室出租一小时前检查会议室布置规格和用品摆放。

（2）检查会议室是否整洁，确保为客人提供整洁、舒适的开会环境，发现问题及时解决。

资料名称：电话业务服务标准 **索引号：QT40**

■ 接收

（1）保证电话间整齐、清洁。

（2）电话间内有“请勿吸烟”标志，在电话间桌子（或墙壁）上放国外、国内直拨长途电话地区代码表，并备有笔、纸供打长途电话的客人使用。

（3）如果磁卡电话出现故障，而客人确有急事的可为其办理人工长途业务。

（4）告诉客人计费方式。

■ 核对

（1）客人类型：住店客人或非住店客人。

（2）电话类型：国际长途或国内长途。

（3）付款方式：现金、信用卡、入房账、电话卡、对方付款。

（4）如客人是住店客人，迅速查对酒店预订系统，核对客人的姓名和房号。

（5）如客人是非住店客人，告诉客人须用现金付款。

■ 通话

（1）拨总机请打开长途线。

（2）告知其他工作人员客人正在打长途电话。

（3）及时正确计价。

■ 结账

（1）按电脑显示金额计价。

（2）开账单。

（3）在《登记单》上记录。

资料名称：回答客人问询服务标准 **索引号：QT41**

■ 接听电话

（1）电话铃响三次内接听电话，用礼貌用语向客人问好。

（2）清晰地报出自己所在的部门。

（3）表示愿意为客人提供服务。

■ 聆听问询

（1）认真聆听客人所问的问题。

（2）必要时，请客人重复某些细节或含混不清的问题。

（3）重述客人问询的内容，以便客人确认。

■ 回答问询

（1）及时、准确地给客人满意的答复。

（2）若需查询方能找到答案，请客人挂断电话稍候。

（3）从电脑储存的信息中查寻客人问询的内容，找到准确答案。

（4）在机台操作接通与客人房间的电话。

（5）清晰地报出所在部门，重复客人问询要求，得到客人确认后，将答案告诉客人。

（6）征询客人是否还有其他疑问之处，表示愿意提供服务。

资料名称：电话叫醒服务标准 **索引号：QT42**

■ 接听客人叫醒服务

（1）当接到客人需要叫醒服务时，要问清客人房号、姓名及叫醒时间。

（2）复述客人叫醒的要求，以获客人确认。

（3）检查叫醒客房的种类和客人类型，如是套房、VIP，必须做出特别提示。

（4）祝客人晚安。

■ 把叫醒信息输入机台

（1）按机台上的叫醒键，输入客房号码和叫醒时间。

（2）按机台执行键。

（3）将套间客房的叫醒信息输入卧室的电话分机。

（4）夜班话务员再次检查叫醒的输入情况、客房情况、套房状况等。

（5）按照最早的叫醒时间，打开叫醒打印机并检查叫醒系统的工作情况。

■ 填写叫醒登记本

（1）将叫醒时间输入机台后，在叫醒登记本上按时间顺序填写客人的房号、叫醒时间。

（2）认真复查，签上话务员姓名。

■ 人工VIP叫醒

（1）在客人指定的叫醒时间，按下客人的房间号码。

（2）用亲切和蔼的语气称呼客人的姓名。

（3）叫醒时要讲：“早上好/下午好/……，现在是×点钟，已到您的叫醒时间”。

（4）祝客人愉快。

■ 团队叫醒

（1）接到客人电话要求将整个旅游团的客人全部叫醒时，应礼貌地请客人到前台问询处登记。

（2）受理23：00时以后的团队叫醒服务预订，记录团号、叫醒时间、预订人姓名、预订人房号。

（3）根据前台问询处提供的叫醒记录，中班话务员负责找出团队用房表，并与叫醒登记表核对，夜班话务员必须再次复核团队叫醒登记表和团队分房表，然后按要求将团队叫醒输入机器。

（4）检查叫醒团队客人的情况，如有问题必须及时纠正。

■ 特殊情况处理

（1）如发现漏叫或没有打印出来的叫醒客人，话务员必须用电话叫醒客人并做好记录。

（2）如客房叫醒无人应答，话务员必须立即通知客房服务中心或大堂经理去客房检查，并做详细记录。

（3）如有客人要求取消叫醒服务，话务员必须在登记本、黑板、电脑上同时做出更正，并在交接班笔记上说明。

（4）如有客人要求多次叫醒时，话务员必须在《叫醒登记本》上做出说明。

资料名称：前台收银操作规范 **索引号：QT43**

■ 班前准备

（1）收银员上班必须提前15分钟到岗，检查工衣是否整洁，着装是否规范，工作环境是否清洁；如有不整洁、不清洁、不规范的，应及时改正。

（2）检查工作所需设备是否工作正常，如有问题及时报修。

（3）检查工作必需品是否充足，如发票、收据、打印纸等是否需要及时补充。

■ 接班

（1）首先阅读记事交班本，掌握所记载各项事宜，便于工作中及时处理。

（2）将《电脑交班报表》与《现金交班本》上交班款项核对，查看是否一致，清点现金是否与《电脑交班报表》相符。

（3）检查现金结构是否合理，零钱是否充足。

（4）清点发票、收据及其他各种票据及有价证券实际数量与记事交班本上的记载是否一致。

（5）将客房账夹单据与电脑数据进行核对，查看是否一致，是否存在漏单或单据不全及单据放错账夹的现象。有问题应向上一班当班人员询问清楚后及时补救，如不能解决，应立即向上级汇报。查看使用信用卡付款的客人消费是否超过授权额度，是否需要追加授权。

（6）检查电脑程序中所录“班次”栏是否正确，避免班次重复造成收银报表混乱。

■ 为客人办理入住手续

（1）如客人选择现金付款，应根据客人选择的房类、房数、住宿时间长短、客人是否需签客单及签客单的大致金额收取客人的住店押金，但一定要保证余额充足，一般住店押金金额不少于一天房租+300元。在收取押金时，要实行唱收唱付制（即在收到押金时要对客人说：“收您××元的押金”，将收据递给客人时要说：“这是您××元的押金条，请收好”），收据条上大小写要一致，并将客人的姓名、房号、日期等资料填写清楚，日期要具体注明到“××月××日××时”。

（2）如客人使用信用卡付款，国内卡则要尽量使用在线交易（即用POS机刷卡），而不使用手工刷卡；国外卡目前只能用手工刷卡。国内/外卡刷卡时要求客人出示身份证/护照，并在购货单上填上身份证/护照号码，并将身份证/护照与执卡人相核对并检查其证件的真伪，将客人姓名与信用卡上的姓名拼音核对，并要求客人在购货单上签名处签名（注：外卡客人入住时一般不会在购货单上签名处签名，只会在购货单封面的反面签名）。签名笔迹与信用卡反面笔迹核对，并要查看住宿登记表上客人签名处是否签名，签名笔迹是否与客人在信用卡反面笔迹一致，如果该客人承诺为其他同伴付款，还需要客人在其同伴的住宿登记表签名处签名。

（3）如客人属协议挂账单位签单，在客人签字后要查看客人是否为有效签单人或是否有有效授权，要核对客人笔迹是否与预先所留笔迹一致。如客人不属于对方协议中规定的名单，应向客人解释“对不起，您单位与酒店协议中没有您的名字”。如果客人坚持要签单，由收银员直接与酒店财务部信贷员联系，并向客人解释“请稍等，我们马上与酒店财务部联系后给您回复”。必要的时候请大堂经理到场处理。

（4）支票、汇票等付款方式在酒店一般不能接受，只能是业务单位且经财务部同意并核对无误后方能受理。

（5）要求整个入住手续的办理时间一般不能超过三分钟。

■ 电脑录单

（1）及时将收取的住店押金输入电脑中的客人账户，入单时注意一定要输入收据号码，以便核对查找，并将单据夹入客人账夹内。

（2）商务中心的各种费用及咖啡吧、商品部等区域的消费，如为客账应及时输入客人账户内，并核对签名是否完整，是否与客人资料、笔迹一致。

■ 结账

（1）收到客人房卡并确认房号及是否退房后，通知房务中心查房，同时清理客人账夹，核对消费是否存在漏单、错单现象，如有应及时补救，核对是否存在为其他房间代付款。待服务员报吧后，便可结账打印账单，交给客人核对并签名。整个结账过程要求一般不超过三分钟，如房务中心查房不及时，则以客人自报吧为主（注意：如为团体房或长住房则在结账打印账单前应先打印一份汇总账单，以便于核对，特别强调：挂AR账的团体房或长住房应将汇总账单和明细账单一起上交财务，便于信贷员与挂账单位进行核对）。

（2）客人持押金条退房时，仔细核对押金条的号码、金额与电脑中是否一致，如客人押金条遗失，应要求客人出示身份证，证明客人身份与登记表上完全一致，并要求客人在账单上注明‘押金条作废’字样，然后结账，退款时也应遵守唱收唱付制的原则（即在退款时一定要说“这是给您的××元退款，请收好”）。

（3）客人为信用卡付款且为手工刷卡时，在客人确认消费金额无误后才能填写信用卡，如为外卡还须要求客人在购货单上签名处签名，然后将客人联给客人即可。

（4）挂账结算也应要求客人签名，确认金额及退房时间。

■ 为客人办理续住手续

根据房间余额及是否续住编制催款报表，并提醒客人及时到总台补款，并重新为客人制房卡，如在上午8：00仍未补款，应报告大堂经理处理。

■ 交班

（1）本班未能解决的各项事宜交班须向上级汇报。

（2）将《电脑交班报表》与《现金交班本》上交班款项核对，查看是否一致，清点现金是否与《电脑交班报表》相符。

（3）将客户账夹资料与电脑数据进行核对，查看是否一致，是否存在漏单或单据不全及资料放错账夹的现象，有问题应向上一班当班人员询问清楚后及时补救，如不能解决，应立即向上级汇报，查看使用信用卡付款的客人消费是否超过授权额度、是否需要追加授权。

资料名称：刑事案件（以偷盗为例）处理工作标准　　　索引号：QT44

■ 接报

接到被盗报告，即刻连同保安人员赶赴现场，并通知事发地所在部门主管级以上管理者。

■ 调查

（1）向失主了解事件经过、时间等，并请失主填写《客人财物遗失报告表》。

（2）若在客房被盗，征得客人同意后再搜查房间，了解是否有怀疑对象，询问来访情况并通过楼层服务员核实。

■ 协助报警

（1）如失主本人要求报警，需由保安人员陪同前往报警。

（2）如果要求报警，请失主在《客人财物遗失报告表》中注明。

■ 事后处理

（1）请客人留下通信地址以便联系。

（2）将详情记录在日志上。

资料名称：客人及员工紧急火警处理标准　　　索引号：QT45

■ 接到紧急火警报警

（1）首先告诉报警客人或员工保持冷静。

（2）向报警客人或员工询问以下内容。

① 报警人姓名、所在单位。

② 出事地点。

③ 何物燃烧。

④ 火势大小。

（3）准确记录在案。

（4）告诉报警人酒店会立即通知有关部门及人员，请其即刻寻找紧急出口撤离。

■ 通知消防中心

（1）立即通知消防中心。

（2）说明报警人姓名、所在单位。

（3）说明出事地点和时间。

（4）说明燃烧物。

（5）说明火势大小。

（6）说明话务员姓名。

（7）说明记录受话人姓名。

■ 记录报警

（1）准确地将接到的报警内容记录在报警本上。

（2）写明报警人姓名，被通知人姓名、电话号码、具体时间。

■ 等待消防中心报警

（1）等待消防中心实地察看。

（2）若消防中心紧急向电话总机报警，则按消防中心紧急报警处理程序进行。

项目四　VIP前厅服务

［实训目标］

本项目实训主要针对VIP客人的预订、入住以及逗留期间的各项服务，掌握VIP宾客服务的基本程序和特殊服务要求。通过本项目的训练，学员应当达到如下标准。

- 掌握VIP申请单的使用方法和使用要求。
- 能够为VIP客人提供优质的预订、接送、入住等前厅服务。
- 能够根据VIP客人的等级和具体情况掌握相应的接待标准。
- 熟悉VIP客人的客史档案管理。

［资料索引］

学员要完成本项目的技能训练必须认真阅读如下资料。

序号	资料名称	索引号
1	VIP接待标准流程	QT46
2	VIP入住登记标准流程	QT47
3	VIP客人预订申请处理标准	QT49
4	VIP客人入住服务标准	QT50
5	建立客户档案工作标准	QT51

［工作程序］

请按如图4-1所示程序进行操作训练：

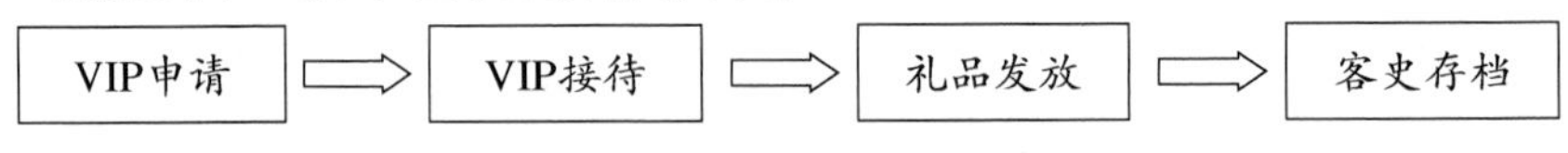

图4-1　前台接待实训程序

［工作背景］

在［项目一］所述的会议团体接待中，国家旅游局、教育部的二位领导同志应邀前来参加东海大学主办的全国高等旅游教育学术会议，并下榻本酒店。请根据此情况完成有关接待任务。

［任务1］编制VIP接待计划书

根据背景材料和本酒店有关接待标准，编制一份详细的VIP接待计划书，并提交VIP申请单。

参考资料如下（如表4-1和表4-2所示）。

表4-1 维多利亚酒店VIP宾客资格分级表

等级	资格	申请人	批准人
VA	国家元首、国家部委领导；省级领导人	驻店经理 公关营销部经理	酒店董事长 总经理
VB	市级主要领导、政府部门领导；在本地投资的企业高层管理者；同星级酒店董事长、总经理； 省级中国国旅、国际旅行社、中国青旅总经理；对酒店有过重大贡献的人士；酒店邀请的重要宾客	驻店经理 公关营销部经理	酒店总经理
VC	社会名流（演艺界、体育界、文化界）；酒店邀请的宾客（业务客户）	各部门经理以上	驻店经理
VD	个人全价入住豪华客房三次以上客人；个人全价入住一般客房十次以上的客人；酒店邀请的宾客	前台主管以上管理人员	公关营销部经理

表4-2 VIP申请单

维多利亚酒店

Victoria Grand Hotel　　**优惠房价及房内礼品申请单**

★★★★　　Special Rate & VIP Set Up Request Form

日期（Date）:____________

宾客姓名（Name of Guest）____________ 公司（Company）____________ 职务（Title）____________

到达日期（ARR. Date）________ 交通（VIA）________ 离店日期（DEP.Date）________ 交通（VIA）________

房间种类及数目（Type of Accommodation）____________ 原因（Reason）____________

优惠细则（Discount） 对折 □（50%Disc） 仅免房费 □（RM Only Comp） 全免 □（Comp） 其他折扣 □（Others）

房间礼品申请（Set Up Request） 房号（Room No.）____________

□ VIP“A” set up____________

□ VIP“B” set up____________

□ VIP“C” set up____________

□ VIP“D” set up____________

备注（Remarks）

申请部门/人名（Requested by）____________ 批准人（Approved by）____________

[任务2] VIP前厅接待

学员按照VIP接待计划，参照如下接待标准，根据所设情境以不同角色实施接待，完成前厅接待任务。

维多利亚酒店VIP接待标准

前厅部

1. 获取酒店总经理批复的《VIP申请单》，立即复印连同本部门经理签发的《VIP申请单》（一式六份）下发客务部、餐饮部、行政部、安消部、财务部、大堂经理，本部门留存原件。
2. 视情况召集驻店经理及相关部门经理、大堂经理参加接待协调会议。向公关营销部经理通报接待内容与要求，明确各部门接待内容与责任。
3. 负责准备酒店总经理签署的欢迎信，交客务部放置于贵宾房间。
4. 贵宾抵店，前厅部经理协同酒店总经理、驻店经理、大堂经理在大堂迎接。
5. 前台各岗点必须熟记贵宾的人数、姓名、身份、付费方式、在店时间、活动过程等，准确、有效地答复贵宾提出的问题。
6. 每日整理贵宾账单，贵宾离店前1小时将所有账单准备完毕，以备结账。结账应在1分钟内完成，确保金额无误。
7. 贵宾离店，及时通知酒店高层管理者到一楼大堂欢送。
8. 负责接待资料的存档与保管。

客务部

1. 接到公关营销部下发的“VIP接待计划书”，立即仔细阅读并记录在案。
2. 客务部经理参加公关营销部经理召集的接待协调会议，明确本部门的接待任务和要求。
3. 召集本部门主管以上人员开会，制订部门接待计划，责任落实到人。
4. 本部门对客岗点必须熟记贵宾的人数、姓名、身份、在店时间、活动过程等内容。
5. 各级管理人员逐级检查下级准备工作的完成情况，要求逐条落实。
6. 检查贵宾用房，确保设备使用无误。保证贵宾房始终处于良好状态。
7. 贵宾入住前2小时按等级标准摆设好鲜花和果篮。
8. 贵宾为外籍，应按照贵宾国籍送该国语言报纸，如没有，则送英文报纸。内宾送当日当地报纸。

9. 将电视调至贵宾母语频道。可能的话，显示中英文对照的欢迎词。

10. 贵宾抵店前30分钟，打开房门，开启室内照明灯。

11. 服务中心在贵宾抵店时，立即电话通知相关部门。

12. 礼宾司安排专人在电梯门口等候，为贵宾开电梯。

13. 贵宾抵、离店，由客务部经理率当值管理人员及优秀服务员在楼层迎送。

14. 热情礼貌、准确及时地答复贵宾提出的问题。

15. 贵宾在店期间，注意应有的服务水准。

接待规格

1. 酒店轿车（一辆）负责迎送贵宾。

2. 贵宾在店期间，酒店轿车（一辆）12小时听候调用。

3. 贵宾抵店前，酒店总经理、驻店经理、前厅部经理、大堂副理等在一楼门厅外的车道处等候迎接。

4. 贵宾抵店，大堂经理陪同直接从专用通道进入客房。

5. 客务部经理、当值主管、领班及优秀服务员在楼层迎接。

6. 大堂副理陪同房内登记。

客房布置

品名	规格	数量	摆放位置	备注
鲜花	普通盆插	大小号各一盆	主卧室、写字台	酒店花房提供
晚间鲜花	普通花篮	一篮	床头	酒店花房提供
果篮	中档果篮	一篮	客厅茶几	进口水果，每日更换
酒水	国产红葡萄酒	一瓶	小酒吧台	配四只酒杯
欢迎点心	西点或巧克力	四块	小酒吧台	酒店定制，每日更换
晚间小食	夜床巧克力	一盒	床头	酒店定制
绿色植物	有生命	一盆	客厅	视区域面积而定
欢迎卡	贵宾欢迎卡	一张	鲜花上	总经理签名
浴袍	丝质	两套	衣橱、床上	酒店定制
易耗品	烫金	足量	卫生间	洗漱用品

［任务3］VIP客史档案管理

将本次接待VIP客人的客史资料存入电脑，填写《客史档案卡》（索引号QR48）。客史档案资料包括以下内容。

1. 常规档案：客人姓名、性别、年龄、出生年月、婚姻状况以及通信地址、电话号码、公司名称、职务等。收集这些资料有利于了解酒店目标市场的基本情况。

2. 预订档案：包括客人的订房方式、订房数量、订房时间和订房类型等。

3. 消费档案：包括房间价格、客人入住房间、餐费以及商品、娱乐的消费标准。从客人喜欢的房间和娱乐方式了解客人的消费水平、消费喜好、习俗和爱好等。

［学习资料包4］VIP接待

资料名称：VIP接待标准流程 **索引号：QT46**

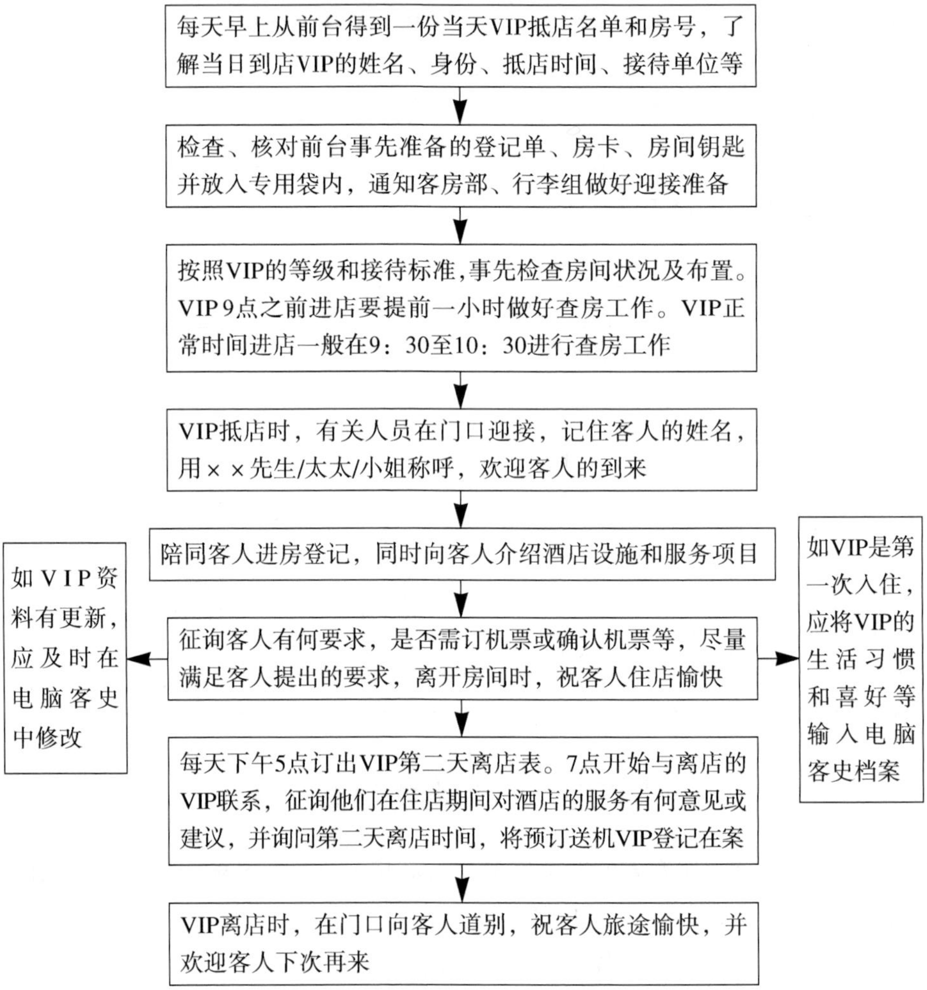

每天早上从前台得到一份当天VIP抵店名单和房号，了解当日到店VIP的姓名、身份、抵店时间、接待单位等

↓

检查、核对前台事先准备的登记单、房卡、房间钥匙并放入专用袋内，通知客房部、行李组做好迎接准备

↓

按照VIP的等级和接待标准，事先检查房间状况及布置。VIP 9点之前进店要提前一小时做好查房工作。VIP正常时间进店一般在9：30至10：30进行查房工作

↓

VIP抵店时，有关人员在门口迎接，记住客人的姓名，用××先生/太太/小姐称呼，欢迎客人的到来

↓

陪同客人进房登记，同时向客人介绍酒店设施和服务项目

↓

征询客人有何要求，是否需订机票或确认机票等，尽量满足客人提出的要求，离开房间时，祝客人住店愉快

（← 如VIP资料有更新，应及时在电脑客史中修改）

（→ 如VIP是第一次入住，应将VIP的生活习惯和喜好等输入电脑客史档案）

↓

每天下午5点订出VIP第二天离店表。7点开始与离店的VIP联系，征询他们在住店期间对酒店的服务有何意见或建议，并询问第二天离店时间，将预订送机VIP登记在案

↓

VIP离店时，在门口向客人道别，祝客人旅途愉快，并欢迎客人下次再来

资料名称：VIP入住登记标准流程　　　　索引号：QT47

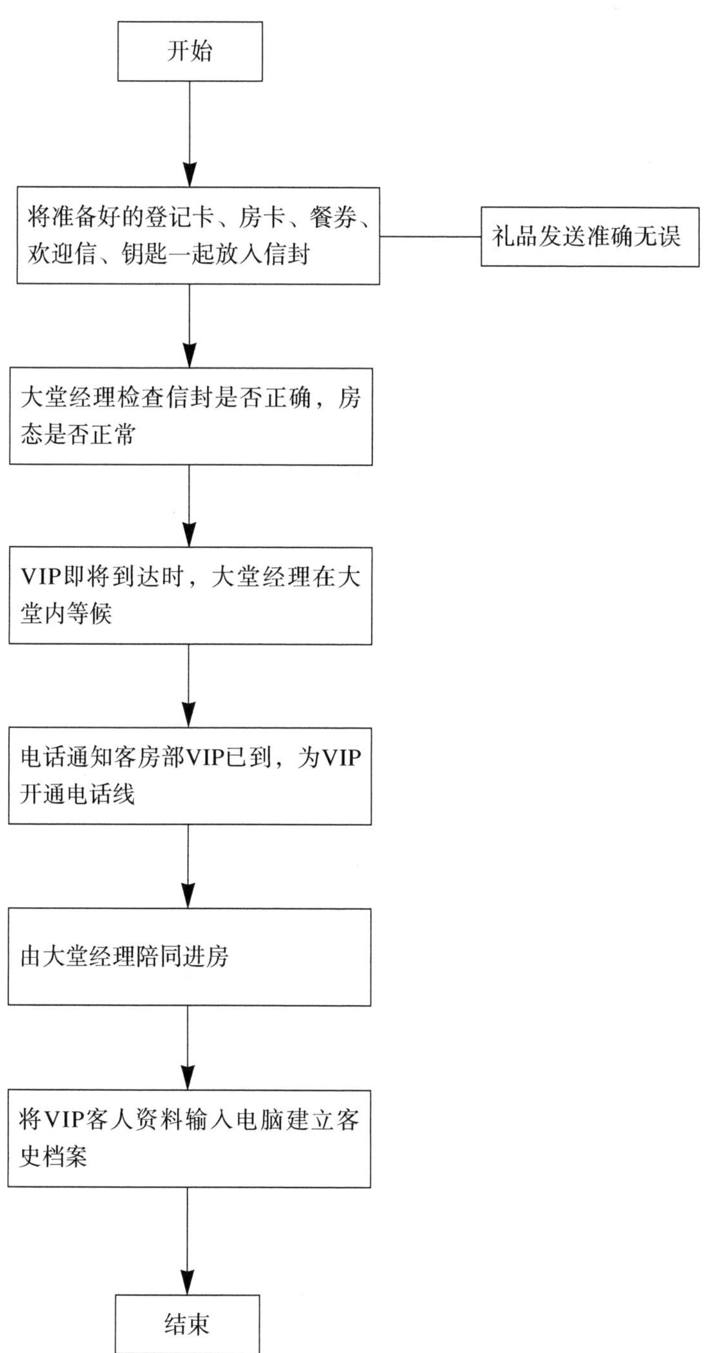

资料名称：客史档案卡 **索引号：QT48**

<table>
<tr><td colspan="2">姓名</td><td colspan="3"></td><td>性别</td><td></td><td>国籍</td><td colspan="2"></td></tr>
<tr><td colspan="2">出生日期及地点</td><td colspan="4"></td><td>身份证号</td><td colspan="3"></td></tr>
<tr><td colspan="2">职业</td><td colspan="4"></td><td>职务</td><td colspan="3"></td></tr>
<tr><td colspan="2">工作单位</td><td colspan="8"></td></tr>
<tr><td colspan="2">单位地址</td><td colspan="4"></td><td>电话</td><td colspan="3"></td></tr>
<tr><td colspan="2">家庭地址</td><td colspan="4"></td><td>电话</td><td colspan="3"></td></tr>
<tr><td colspan="2">其他</td><td colspan="8"></td></tr>
<tr><td>住店序号</td><td>住宿期间</td><td>房号</td><td>房租</td><td>消费累计</td><td>习俗爱好特殊要求</td><td>表扬、投诉及处理</td><td>预订渠道、介绍人</td><td>信用卡及账号</td><td>备注</td></tr>
<tr><td>1</td><td></td><td></td><td></td><td></td><td></td><td></td><td></td><td></td><td></td></tr>
<tr><td>2</td><td></td><td></td><td></td><td></td><td></td><td></td><td></td><td></td><td></td></tr>
<tr><td>3</td><td></td><td></td><td></td><td></td><td></td><td></td><td></td><td></td><td></td></tr>
<tr><td>4</td><td></td><td></td><td></td><td></td><td></td><td></td><td></td><td></td><td></td></tr>
<tr><td>5</td><td></td><td></td><td></td><td></td><td></td><td></td><td></td><td></td><td></td></tr>
<tr><td>6</td><td></td><td></td><td></td><td></td><td></td><td></td><td></td><td></td><td></td></tr>
<tr><td>7</td><td></td><td></td><td></td><td></td><td></td><td></td><td></td><td></td><td></td></tr>
<tr><td>8</td><td></td><td></td><td></td><td></td><td></td><td></td><td></td><td></td><td></td></tr>
<tr><td>9</td><td></td><td></td><td></td><td></td><td></td><td></td><td></td><td></td><td></td></tr>
<tr><td>10</td><td></td><td></td><td></td><td></td><td></td><td></td><td></td><td></td><td></td></tr>
<tr><td>11</td><td></td><td></td><td></td><td></td><td></td><td></td><td></td><td></td><td></td></tr>
<tr><td>12</td><td></td><td></td><td></td><td></td><td></td><td></td><td></td><td></td><td></td></tr>
<tr><td>13</td><td></td><td></td><td></td><td></td><td></td><td></td><td></td><td></td><td></td></tr>
<tr><td>14</td><td></td><td></td><td></td><td></td><td></td><td></td><td></td><td></td><td></td></tr>
<tr><td>15</td><td></td><td></td><td></td><td></td><td></td><td></td><td></td><td></td><td></td></tr>
<tr><td>16</td><td></td><td></td><td></td><td></td><td></td><td></td><td></td><td></td><td></td></tr>
<tr><td>17</td><td></td><td></td><td></td><td></td><td></td><td></td><td></td><td></td><td></td></tr>
<tr><td>18</td><td></td><td></td><td></td><td></td><td></td><td></td><td></td><td></td><td></td></tr>
<tr><td>19</td><td></td><td></td><td></td><td></td><td></td><td></td><td></td><td></td><td></td></tr>
<tr><td>20</td><td></td><td></td><td></td><td></td><td></td><td></td><td></td><td></td><td></td></tr>
</table>

注：在实际应用中，可根据此表内容输入电脑

资料名称：VIP客人预订申请处理标准 **索引号：QT49**

■ 预订申请

（1）预订员须获知客人的姓名、身份、职务，若符合VIP接待条件，应及

时报告前厅部经理。

（2）经前厅部经理同意后，填写VIP申请单（一式五份）。

■ 填写VIP申请单

（1）填写客人的姓名、职务、单位名称、抵/离时间、航班、房间类型、房价。

（2）详细记录客人的特殊要求。

■ 选择VIP礼品

（1）在VIP申请单上，将已选择的礼品，注标记“√”。

（2）礼品种类

① 中国茶。

② 一瓶白葡萄酒。

③ 一瓶红葡萄酒。

④ 小花篮。

⑤ 大花篮。

⑥ 水果盘。

（3）附上总经理名片。

■ VIP申请批准

（1）将VIP申请单送交前厅部经理审批并签字。

（2）将VIP申请单送交客务总监审批并签字。

（3）将VIP申请单送交总经理审批并签字。

资料名称：VIP客人入住服务标准　　索引号：QT50

■ 接待VIP客人的准备工作

（1）填写VIP申请单，上报总经理审批签字认可。

（2）VIP房分配力求选择同类房中方位、视野、景致、环境、房间保养方面处于最佳状态的客房。

（3）VIP到达酒店前要将装有房卡、钥匙等的欢迎信封及登记卡放至大堂经理处。

（4）大堂经理在客人到达前检查房间，确保房态正常。

（5）礼品发送准确无误。

■ 办理入住手续

（1）准确掌握当天预抵VIP的姓名。

（2）以客人姓名称呼客人，及时通知大堂经理，由大堂经理亲自迎接。

（3）大堂经理向客人介绍酒店设施，并亲自将客人送至房间。

■ 信息储存

（1）复核有关VIP的资料，并准确输入电脑。

（2）在电脑中注明“VIP”，以提示其他各部门或人员注意。

（3）为VIP建立客史档案，并注明身份，以备查询。

资料名称：建立客户档案工作标准 **索引号：QT51**

■ 准备客人登记表

汇集前一天办理登记的客人住宿登记表。

■ 查询客人的个人资料

（1）进入电脑程序，选择相应目录进入客人历史档案查询网。

（2）选择相应电脑程序，根据客人登记表输入客人姓名的第一个字母或第一个字，即可得到客人个人资料或得知有无电脑记录。

■ 建立客人历史档案

（1）在电脑上输入客人的姓名、性别、公司名、家庭地址、邮编、国籍、城市名称、护照号码、签证号码、生日等，为客人建立历史档案。

（2）将客人其他特殊要求输入备注一栏。

■ 确认

检查电脑存储资料是否同客人手写资料相符，确保无误。

项目五　前厅管理实务

[实训目标]

本项目实训主要针对酒店前厅的日常管理事务，具体内容包括：房价管理、经营统计、各部门间的沟通和协调。通过本项目的训练，学员应当达到如下标准。

- 能够根据酒店及宾客情况合理制定房价。
- 能够编制前厅各种统计分析报表。
- 能够协调前厅各部门间的关系。
- 能够妥善处理各种突发性事件。

[资料索引]

学员要完成本项目的技能训练必须认真阅读如下资料。

序号	资料名称	索引号
1	房价的制定	QT52~QT54
2	夜审稽核操作规范（报表填制）	QT55
3	各主要经营指标分析	QT56
4	前厅部与各部门之间的沟通协调	QT57~QT60

[工作程序]

本项目请按下面程序进行训练：

[任务1] 客房定价

认真阅读学习资料（索引号QT52~QT54），完成下列不同情况的客房定价计算：

（1）某饭店有客房120间，全年营业费用为2 680 000元，税收和保险费为356 400元，折旧费为1 484 000元，合理投资收益额为2 158 000元，客房以外其他部门的经营利润为960 000元，预计年平均出租率为70%。试按照赫伯特公式计算该酒店的平均房价。

（2）某酒店拥有客房400间，据测算，每间客房分摊的固定成本为150元，每间客房的单位变动成本为40元，客房的年平均出租率为70%。问酒店制定何种房价才能使酒店盈利（用保本点定价法计算）？

（3）某酒店客房总面积为4 800平方米，预计明年客房总收入为430万美元，客房出租率为70%，那么一间面积为24平方米的客房定价应是多少？

[任务2]前厅报表编制

通过酒店管理系统选择一个营业日，使用计算机管理系统完成下列报表的输出（见图5-1至图5-4）。

（1）《当日入住客人报表》。

（2）《房间状况报表》。

（3）《客房日出租情况报表》。

（4）《客房日营业情况报表》。

（5）《客房营业情况报表》。

[任务3]主要经营指标分析

（1）某酒店拥有客房200间，年固定成本1 000万元，变动成本率为12%，营业税率5%，当年每间客房平均房价为300元，那么该酒店的客房出租率应高于多少才能保证盈利？

（2）某酒店拥有可出租客房270间，其中：单人间50间，房价40美元；标准间180间，房价70美元；普通套间30间，房价125美元；豪华套间10间，房价180美元。某日的客房收入额合计为12 000美元，试计算客房销售效率。

（3）某酒店某日客房总收入为36 000元，当日出租的客房总数为150间，则实际平均房价是多少？

[任务4]部门协调与沟通

下星期省委一位领导来本市视察工作，将入住维多利亚酒店。在整个接待服务过程中，作为前厅部经理，你应当如何做好协调工作？参考QT57~QT58资料和下面材料，写出具体工作方案。

前厅部VIP客人接待服务方案

一、VA级接待流程

1. 接到公关营销部下发的《VIP接待计划书》，立即仔细阅读并记录在案。

2. 参加公关营销部经理召集的接待协调会议，明确自己的接待任务和要求。

3. 随时了解贵宾抵店前的准备工作，并亲自检查贵宾客房以及贵宾将要前往的活动场所。
4. 熟记贵宾的人数、姓名、身份、在店时间、活动过程等。
5. 督导各部门所有准备工作提前两小时准备完毕。
6. 贵宾在店期间，随时关注贵宾动向，及时向酒店高层管理人员、接待部门报告。
7. 热情礼貌、准确有效地答复贵宾提出的问题。

二、VB级接待流程

1. 接到公关营销部下发的《VIP接待计划书》，立即仔细阅读并记录在案。
2. 参加公关营销部经理召集的接待协调会议，明确自己的接待任务和要求。
3. 随时了解贵宾抵店前的准备工作，并亲自检查贵宾客房以及贵宾将要前往的活动场所。
4. 熟记贵宾的人数、姓名、身份、在店时间、活动过程等。
5. 督导各部门所有准备工作提前两小时准备完毕。
6. 贵宾抵店，参与迎接。
7. 贵宾在店期间，随时关注贵宾动向，及时向酒店高层管理人员、接待部门报告。
8. 热情礼貌、准确有效地答复贵宾提出的问题。
9. 送别贵宾。

三、VC级接待流程

1. 接到公关营销部下发的《VIP接待计划书》，立即仔细阅读并记录在案。
2. 参加公关营销部经理召集的接待协调会议，明确自己的接待任务和要求。
3. 随时了解贵宾抵店前的准备工作，并亲自检查贵宾客房以及贵宾将要前往的活动场所。
4. 熟记贵宾的人数、姓名、身份、在店时间、活动过程等。
5. 督导各部门所有准备工作提前两小时准备完毕。
6. 贵宾抵店，参与迎接。
7. 贵宾在店期间，随时关注贵宾动向，及时向酒店高层管理人员、接待部门报告。
8. 根据情况需要，有权做出要求其他部门提供服务的决定。
9. 送别贵宾。

四、VD级接待流程

1. 接到公关营销部下发的《VIP接待计划书》，立即仔细阅读并记录在案。
2. 熟记贵宾的人数、姓名、身份、在店时间、活动过程等。
3. 主动与贵宾沟通，了解客人需求。
4. 热情礼貌、准确及时地答复贵宾提出的问题。
5. 代表酒店送别贵宾。

图5-1 报表编制（酒店管理系统）

维多利亚大酒店房间状况报表

房间号	房间类型	楼层	额定人数	是否将走	房态	房间特征	是否为拼房
0302	普通房	三楼	2		不洁空房	窗户朝北	
0303	普通房	三楼	2		不洁空房	窗户朝南	
0304	普通房	三楼	2		不洁空房	窗户朝北	
0305	普通房	三楼	2		不洁空房	窗户朝南	
0306	普通房	三楼	2		不洁空房	窗户朝北	
0307	普通房	三楼	2		不洁空房	窗户朝南	
0308	普通房	三楼	2		不洁空房	窗户朝北	
0309	普通房	三楼	2		不洁空房	窗户朝南	
0310	标准房	三楼	2		不洁空房	窗户朝北	
0311	标准房	三楼	2		不洁空房	窗户朝南	
0312	标准房	三楼	2		不洁空房	窗户朝北	
0315	标准房	三楼	2		不洁空房	窗户朝南	
0316	套房	三楼	4		清洁空房	窗户朝北	
0317	套房	三楼	4		清洁空房	窗户朝南	
0318	豪华套房	三楼	4		清洁空房	窗户朝北	
0401	普通房	四楼	2		不洁空房	窗户朝南	
0402	普通房	四楼	2		不洁空房	窗户朝北	
0403	普通房	四楼	2		不洁空房	窗户朝南	

图5-2 房间状况报表

维多利亚大酒店2005-03-29营业情况报表

客人名称	房间号	类型	状态	房价	其他房费	合计房费	备注
	0510	散客房	在住	480	0	480	
	0905	散客房	在住	428	0	428	
李明	0903	散客房	在住	428	0	428	
	0904	散客房	在住	428	0	428	
王雪	0509	散客房	在住	428	0	428	
林璎	0501	散客房	在住	428	0	428	
				2620	0	2620	

图5-3 营业情况报表

维多利亚大酒店2005-03-29客房日出租情况报表

房间类型	房间总数	出租房数	总房价	出租率	客房费用
普通房	95	6	2140	6.31%	0
标准房	12	1	480	8.33%	0
套房	9	0	0	0%	0
豪华套房	2	0	0	0%	0
	118	7	2620		0

图5-4 营业情况报表

[学习资料包5]前厅管理

资料名称：房价的种类 **索引号：QT52**

1. 标准房价（Rack Rate）

标准房价又称“门市价”、“牌价”，是由酒店管理部门制定的价目表上明码公布的各类客房的现行价格。该价格不含任何服务费或折扣等因素。

2. 商务合同价（Commercial Rate）

酒店与有关公司或机构签订房价合同，并按合同规定向对方客人以优惠价格出租客房。房价优惠的幅度视对方能够提供的客源量及客人在酒店的消费水平而定。

3. 团队价（Group Rate）

团队价是酒店提供给旅行社团队、会议团队及航空公司机组人员等团队客人的一种折扣房价。其目的是确保酒店有长期、稳定的客源，保持较高的客房出租率。团队价可根据旅行社等团队的重要性、客源的多少以及淡、旺季等不同情况确定。

4. 旺季价（Busy Season Rate）

旺季价是酒店在经营旺季所执行的客房价格。这种价格一般要在标准房价的基础上上浮一定的百分比，有时上浮的比例很大，以求得酒店的最大收益。

5. 淡季价（Slack Season Rate）

淡季价是酒店在经营淡季所执行的客房价格。这种价格一般要在标准房价的基础上下浮一定的百分比，有时下浮的比例很大，以刺激需求，提高客房出租率。

6. 小包价（Package Rate）

小包价是酒店为客人提供的一揽子报价，除房费外，还可以包括餐费、游览费、交通费等其他费用，以方便客人。

7. 折扣价（Discount Rate）

折扣价是酒店向常客、长住客、订房客人或其他有特殊身份的客人提供的优惠房价。

8. 白天租用价（Day Use Rate）

白天租用价是酒店为白天到酒店休息，不在酒店过夜的客人所提供的房价。白天租用价一般按半天房费收取，所以又称半日价，但也有一些酒店按小时收费。

9. 免费（Free Rate）

为了促进客房销售，建立良好的公众关系，酒店还为某些特殊客人提供免费房。这些特殊客人主要包括：社会知名人士、酒店同行、旅行代理商、会议主办人员等。按惯例还需对满十五名付费成员的团队，免费提供双人间客房的一张床位，即所谓十六免一。酒店免费提供客房要严格控制，通常只有总经理才有权批准。

另外，还有家庭租用价、加床费等。

资料名称：客房的计价方式 **索引号：QT53**

按国际惯例，酒店的计价方式通常有以下五种。

1. 欧式计价（European Plan，简称EP）

欧式计价是指酒店标出的客房价格只包括客人的住宿费用，不包括其他服务费用的计价方式。这种计价方式源于欧洲，被美国等世界绝大多数国家的酒店广泛使用。我国的旅游涉外酒店也基本上采用这种计价方式。

2. 美式计价（American Plan，简称AP）

美式计价是指酒店标出的客房价格不仅包括客人的住宿费用，而且还包括每日三餐的全部费用。因此，美式计价又被称为全费用计价方式。这种计价方式多用于度假型酒店。

3. 欧陆式计价（Continental Plan，简称CP）

欧陆式计价是指酒店标出的客房价格包括客人的住宿费和每日一顿欧陆式简单早餐的计价方式。欧陆式早餐主要包括冻果汁、烤面包、咖啡或茶。有些国家把这种计价方式称为“床位连早餐”计价。

4. 百慕大计价（Bermuda Plan，简称BP）

百慕大计价方式是指酒店标出的客房价格包括客人的住宿费和每日一顿美式早餐的计价方式。美式早餐除含有欧陆式早餐的内容以外，通常还包括火腿、香肠、咸肉等肉类和鸡蛋。

5. 修正美式计价（Modified American Plan简称MAP）

修正美式计价是指酒店标出的客房价格包括客人的住宿费和早餐，还包括一顿午餐或晚餐（二者任选一项）的费用。这种计价方式多用于旅行社组织的旅游团队。

资料名称：房价的确定方法 **索引号：QT54**

1. 经验定价法

经验定价法又称“千分之一法”，它是以酒店总建造成本为基础计算的。具体方法是将每个房间所占用的建造成本除以1 000，得出客房的平均价格。计算公式为：

$$平均房价=\frac{饭店建造总成本}{房间数}\times‰$$

酒店建造总成本包括建筑材料费用、各种设施、设备费用、内装修及各种用具费用、所需的各种技术费用、人员培训费用以及建造中的资金利息费用等。

“千分之一法”是人们在长期的酒店经营管理实践中总结出来的一般规律。人们认为酒店的造价与房价之间有直接的关系。所以，通过三年左右的经营，酒店的建造总成本应通过客房的销售收入收回来。这种方法计算简单，管理人员可以迅速地做出价格决策。但是，这种方法也存在一些问题，“千分之一法”只考虑了投资成本的因素，而没有考虑酒店的实际经营费用、供求关系和市场竞争状况等因素。因此，“千分之一法”仅可作为制定房价的出发点，还要综合分析其他各种因素，这样制定的房价才具有合理性、科学性和竞争性。

2. 赫伯特公式（The Hubbart Room Rate Formula）

赫伯特公式是由美国酒店和汽车酒店协会主席罗伊·赫伯特主持发明的。它是以目标投资回收率作为定价的出发点，在客房成本计算的基础上，在保证实际目标利润的前提下，根据计划的销售量、固定费用和需达到的合理的投资收益率来确定客房的平均单价。其计算公式如下：

$$年客房预计销售额=酒店总投资额\times目标投资回收率+酒店企业管理费+客房经营费用-客房以外其他部门经营利润$$

$$计划平均房价=\frac{年客房预计销售额}{可供出租客房数\times预计出租率\times年天数}$$

$$年客房预计销售额=合理投资收益额+预测总营业费用-客房以外其他部门经营利润$$

利用赫伯特公式制定房价，关键在于合理规定投资报酬率和预测出租率。从公式中我们可以看出，平均房价与投资报酬率成正比，与预测出租率成反比。房价制定得是否准确，取决于这些相关数据的预测或假设的准确性，这就要求酒店应具有全面的、准确的预测资料和其他原始资料。

与“千分之一法”比较，赫伯特公式更为准确、合理，因为此种方法充分考虑了酒店的利润目标、经营成本和费用以及非客房部的营业收入，将制定房价中的相关因素作了综合考虑。但它也存在很大的缺点，公式中的各种相关因素是估算的，如果这些数据假设得不合理，由此推算出的房价也必然不合理。此外，酒店各部门的营业费用全部让客房部负担也是不合理的，特别是一些部门经营不善，费用支出过高，必然会导致客房价格的升高。

3. 保本点定价法

保本点定价法又称盈亏平衡定价法，是根据盈亏平衡点的原理来定价的一种方法，盈亏平衡点是客房销售若达到平衡点可实现盈亏平衡，这是侧重于保本经营的定价方法。在市场不景气的情况下，保本经营总比停业的损失要小得多，而且酒店有回旋的余地。这种定价方法的计算公式为：

保本点房价=全年成本总额÷实际销售客房数−单位变动成本

酒店的平均房价若定在保本点上，则酒店不亏也不盈，适当高于这个价格才能盈利。

4. 客房面积定价法

客房面积定价法是通过确定客房预计总收入来计算单位面积的客房应取得的收入，进而确定每间客房应取得的收入进行定价的一种方法。其计算公式如下：

某间客房价格=客房预计总收入÷（客房总面积×预计出租率×年天数）×某间客房面积

可见，这种方法确定的房价主要受客房预算收入的影响，所以预算的客房收入准确与否，决定了这种方法是否科学合理。

5. 随行就市定价法

这是一种常见的以竞争为中心的定价方法。它是以同档次酒店的平均房价作为定价依据，制定出本酒店房价的一种方法。这种定价方法对本酒店的成本和市场需求都较少考虑，认为市价在一定程度上反映了行业的集体智慧，随行就市定价能使酒店获得稳定的客源和利益。

资料名称：夜审稽核操作规范（报表填制）　　索引号：QT55

1. 接替前台收银工作，为客人办理入住、退房手续（具体业务流程参考前台收银部分，略）

2. 夜审前准备工作

（1）检查已收档收银点账单、报表是否全部上交，是否存在少交账单的现象；查看电脑中是否存在未结账单，如有以上现象，则将其收银员记录下来，上交收银主管待处理。

（2）检查前台有无各个部门送来的尚未入账的单据，如有，将其输入电脑，并放入各自房间的账夹里。

（3）核对房态、房价，查看是否存在房态、房价不符现象，是否存在已入住未开房，客人已退电脑未退等现象，如有应及时查明原因。

3. 电脑夜间稽核

（1）执行房租预审及入账，选择“否”查看房租预审报表中入账情况是否存在房租不正常现象，核对完后，再执行房租预审及入账，过房租，生成房租入账报表后打印。

（2）执行夜间稽核及其他处理，查看电脑是否执行了客人续住，正确无误后，电脑自动稽核，稽核完毕后，查看系统是否自动更改营业日期。

（3）在执行夜间稽核转日期之后，早上6：00以前有客人到酒店入住，在早上6：00整再次执行房租预审及入账，让电脑自动过房租。

4. 审核

（1）打印当日IC卡系统报表，并入IC卡系统打印当日IC卡减值报表，两表相核对，查看其差额是否与收据金额一致，发现错误及时补救，并记录操作收银员的姓名。

（2）打印当日IC卡消费报表，餐厅收入及财务记录日报表、娱乐收入及财务记录日报表、客房收入及财务记录日报表，客房、餐厅、娱乐转AR账报表，核对与IC卡消费数是否一致。

（3）核对餐厅收入及财务记录日报表、娱乐收入及财务记录日报表与客房收入及财务记录日报表上的前台客账数是否一致。

（4）打印前台、综合收银招待明细表，与实际账单核对，查看招待是否符合程序。

（5）打印餐饮打折、服务费变动表，赠送免单、单品折扣报表、免零报表、冲减报表、异常账单报表，审查餐娱账单，审核其是否符合规定程序。

（6）打印上日（如还没有执行电脑中“夜间稽核”则为本日）菜单统计报表与每张账单进行核对，查看账单金额与报表上对应统计数字是否一致（如有不一致的现象应立即上报），是否有账单未上交，并审核每一个账单是否存在少收、多收的现象，审核各种优惠券、免费券及有价证券的使用是否符合有关规定。

（7）打印前台实际结账退房报表，审核前台入住、退房、结账的时间，房租是否全部计入，应加收半天房租或全天房租是否加收，免收或少收是否有规定的批准手续。

（8）审核每日客房迷你吧报表、杂项租金报表、商务吧消费报表、赔偿报表，并与客房营业日报中的数字进行核对。

（9）核查在住客人在宾馆的消费是否全部计入房间账，有无漏入或错入的数额，账单的计算是否正确，账款是否全部结清。

（10）检查退房账单上款项是否正确，是否符合规定手续，是否有客人签名，现金结账金额要与电脑报表核对看是否吻合。

（11）进入账务查询，检查前台收银账务，打印调整账、对冲账、优惠账等与前台账单相核对，核查前台打折、冲减是否正常，是否符合程序。

5. 报表

（1）查看夜审工作底表是否平账，如不平，则应在夜间稽核中执行重新统计报表，如仍不平，则上报财务部。

（2）登记挂账，并核查挂账结算的款项是否正确、单位是否正确、是否符合规定手续，并与客房、餐厅、娱乐转AR账报表相核对。

（3）打印当日现金收入简表。

6. 稽核报告

将当日夜审过程中所发现的问题一一记录下来，待收银主管核实处理，整理当日单据，做好交接班。

资料名称：客房经营指标分析　　　　索引号：QT56

1. 客房出租率

客房出租率是反映酒店经营状况的一项重要指标，它是已出租的客房数与酒店可以提供租用的房间总数的百分比。其计算公式为：

客房出租率=已出租客房数÷可供出租的客房总数×100%

保本出租率=（保本营业额÷平均房价）×可出租天数×100%

保本营业额=固定成本总额÷（1−变动成本率−税率）

保本出租率的掌握，对酒店的经营管理有着重要的指导作用，如果本酒店的保本出租率高于竞争对手，则要考虑如何降低成本；如果本酒店的保本出租率低于竞争对手，则可适当考虑利用价格优势争夺客源市场。

酒店要获得更多的盈利，必须扩大客房销售，提高客房出租率。但是，这并不是说客房出租率越高越好。因为酒店要想严格质量控制，在市场竞争中保持长久的实力，就必须有意识地控制客房使用，为客房维修和全面质量控制创造机会。如若一味地追求高出租率，一方面设施、设备超负荷使用，长此下去，必然会出现设施、设备得不到必要的保养维修、用具功能失灵、建筑物使用寿命缩短等问题。另一方面，长年过高的出租率必然使客房服务人员被牢牢地固定在服务工作岗位，无暇参加培训，加之工作疲劳，使服务质量下降，造成管理工作的极大困难。除此之外，酒店还要考虑一些具体的经营安排，例如，酒店要留有用于交际往来使用的免费房间，要留有房间以保证临时光临宾客的需要，还要留有房间作紧急情况下调剂使用等。为此，一些专家提出较为理想的年平均客房出租率是在80%左右，最高不能超过85%。

2. 客房销售效率

客房销售效率是实际客房出租所得销售额占全部可出租房间的全价出租的销售总额的百分比。其计算公式为：

客房销售效率=（客房实际销售额÷全部客房按牌价出租的总销售额）×100%

客房销售效率实际是以价值量表示的客房出租率，在客房经营统计分析中，它比单纯以数量变化得出的出租率更完善、更准确。它不仅能反映客房销售数量的多少，还反映了客房平均销售价格的高低，以及客房销售类型结构的变化等因素，从而衡量出客房销售的实际效果。为了更好地确定销售目标，准确分析并预测销售状况，可以将客房销售效率与客房出租率结合运用。

3. 双开率

双开率即双倍客房出租率，是指两位客人同住一个房间的房数占所出租房间总数的百分比，也可指每个房间平均入住的人数。

双开率=（客人总数−已出租客房数）÷已出租客房数×100%　或

双开率=客人总数÷已出租客房数

双开率指标可以反映客房的利用状况，是酒店增加收入的一种经营手段，其前提是一个房间（单人间除外）划出两种价格。比如，一个标准间住一位客人时，房价90美元，住两位客人时，每位只收60美元。这样，客人可节省约1/3的房费开销，而酒店又增加了1/3的收入，同时，酒店劳动成本的增加却很小。但是客房双开率只有与客房出租率配合使用才有意义。在客人有限的情况下，总台接待员应首先考虑多销售客房，提高客房出租率，而不是有意提高双开率。

4. 实际平均房价

实际平均房价是酒店经营活动分析中仅次于客房出租率的第二个重要指

标，它是客房总收入与实际出租客房数的比值。其计算公式为：

实际平均房价=客房总收入÷出租客房数

实际平均房价的高低直接影响酒店的经济收益。影响实际平均房价变动的主要因素是实际出租房价、客房出租率和销售客房类型结构。酒店的实际出租房价与门市价有较大的差别，由于优惠、折扣、免费住宿等因素的影响，会使实际出租房价低于门市价，有时会低得多。只有在经营旺季执行旺季价时，才会接近甚至高于门市价。

实际平均房价与客房出租率密切相关。一般来说，提高客房出租率，会使平均房价降低；反之，保持较高的平均房价，会使客房出租率下降。

资料名称：前厅部与各部门之间的沟通协调　　索引号QT57~QT60

前厅部与销售部之间的沟通协调　　索引号：QT57

1. 接待工作

（1）制定来年客房销售预测计划书。

（2）超额预订情况发生时的处理。

（3）团队客人抵店前，将团队客人的用房安排情况，书面通知销售部。

（4）团队抵店后，销售部的团队联络将客人用房等变更情况书面通知开房组。

（5）每日送交“在店贵宾/团队名单”、“预期离店客人名单”、“客房营业日报表”、“营业情况对照表”。

2. 预订工作

（1）旺季来临，为避免超额预订情况的发生，及时与销售部沟通，研究决定团队客人与散客的接待比例。

（2）销售部将已获总经理室批准的各种订房合同的副本交预订组。

（3）销售部将团队客人的订房资料、“团队接待通知单”通知预订组。

（4）核对年度、每月客情预报。

（5）每日递送“客情预测表”、“贵宾接待通知单”、“次日抵店客人名单”、“房价及预订情况分析表”、“客源分析表”。

（6）每月递送“客源地理分布表”。

3. 问讯工作

（1）将了解到的团队客人需提供叫醒服务的时间通知电话总机。

（2）团队客人客房钥匙的发放与回收。

（3）了解团队活动日程安排，以便回答客人的询问。

4. 大厅服务

（1）团队客人抵、离店时，核对行李件数。

（2）了解离店团队的出行李时间及离店时间。

5. 电话总机

（1）了解团队客人需要提供的叫醒服务时间。

（2）了解团队活动的日程安排。

前厅部与财务部之间的沟通协调 索引号：QT58

1. 接待工作

（1）就给予散客的信用限额，与财务部进行沟通。控制客人住店期间的信用限额。

（2）根据酒店政策，收取预付款。

（3）将打印好的已抵店散客的账单及登记表送交收款组。

（4）送交压印好的信用卡签购单。

（5）送交打印好的已抵店团队客人的总账单与分账单。

（6）送交《房间/房价变更通知单》。

（7）每日送交《预期离店客人名单》、《在店客人名单》、《在店贵宾/团队表》、《客房营业日报表》、《营业情况对照表》。

（8）与客人就过了离店时间后退房的超时房费收取问题进行沟通。

（9）进行客房营业收入的夜审核对工作。

2. 预订工作

（1）就定金（预付款）的收取问题与财务部进行沟通。

（2）就订房客人信用限额问题与财务部进行沟通。

（3）每日递送《客情预测表》、《贵宾接待通知单》。

3. 问讯工作

（1）送交《电传收费单》及《电传营业收入日报表》。

（2）将邮票售卖记录交财务部审查。

（3）负责离店客人钥匙的回收。

4. 大厅服务

（1）大厅行李员把即将离店的客人房内小酒吧商品用量通知收款组。

（2）填写已结账客人的离店单。

（3）如已结账的客人再次发生费用，收款组与大厅服务组应及时沟通，以便大厅服务人员采取恰当的方法提醒客人。

（4）递送《服务费收入日报表》。

（5）根据客情预测，每月递交报纸订购预算申请。

5. 电话总机

（1）递交《长途电话收费单》与《长途电话营业日报表》。

（2）与已结账的客人就挂发长途的费用进行沟通。

前厅部与餐饮部之间的沟通协调　　索引号：QT59

1. 接待工作

（1）书面通知房内的布置要求，如在房内放置水果、点心等。

（2）发放团队客人的用餐券。

（3）每日送交《在店贵宾/团队会议人员名单》、《在店客人名单》、《预期离店客人名单》。

2. 预订工作

（1）每月送交《客情预报表》。

（2）每日送交《客情预测表》、《贵宾接待通知单》。

（3）书面通知订房客人的用餐要求及房内布置要求。

3. 问讯工作

（1）每日从餐饮部的宴会预订组取得《宴会/会议活动安排表》。

（2）向客人散发餐饮活动的宣传资料。

（3）随时掌握餐饮部各营业点的服务内容、服务时间及收费标准的变动情况。

4. 大厅服务

更新每日宴会/会议、饮食推广活动的布告牌。

5. 电话总机

随时掌握餐饮部各营业点的服务内容、服务时间及收费标准的变动情况。

前厅部与其他部门之间的沟通协调　　索引号：QT60

1. 接待工作

（1）提供客人抵店、住店、离店的情况。

（2）按规定为值班负责人员安排用房。

（3）送交《维修通知单》（工程部）。

（4）送交《待修房报告》（工程部）。

（5）送交《在店贵宾/团队表》。

2. 预订工作

（1）送交《客情预测表》。

（2）送交“贵宾接待通知单”。

3. 问讯工作

（1）负责邮件的收发。

（2）负责客房钥匙遗失后的处理（安全部、工程部）。

4. 电话总机

（1）负责转接电话。

（2）进行留言服务。

（3）了解各部门负责人的值班安排及去向。

（4）负责呼叫找人服务。

（5）负责出现紧急情况时的沟通联络。

前厅实训小结

1. 前厅服务

由于酒店规格、档次、客源类型的不同，因而在实际工作中前厅部的服务程序、服务标准往往要根据酒店经营管理中的实际需要具体确定。一般而言，前厅服务主要由五个环节组成，如下图所示。本书只选取了其中一些关键性的服务环节作为实训内容。

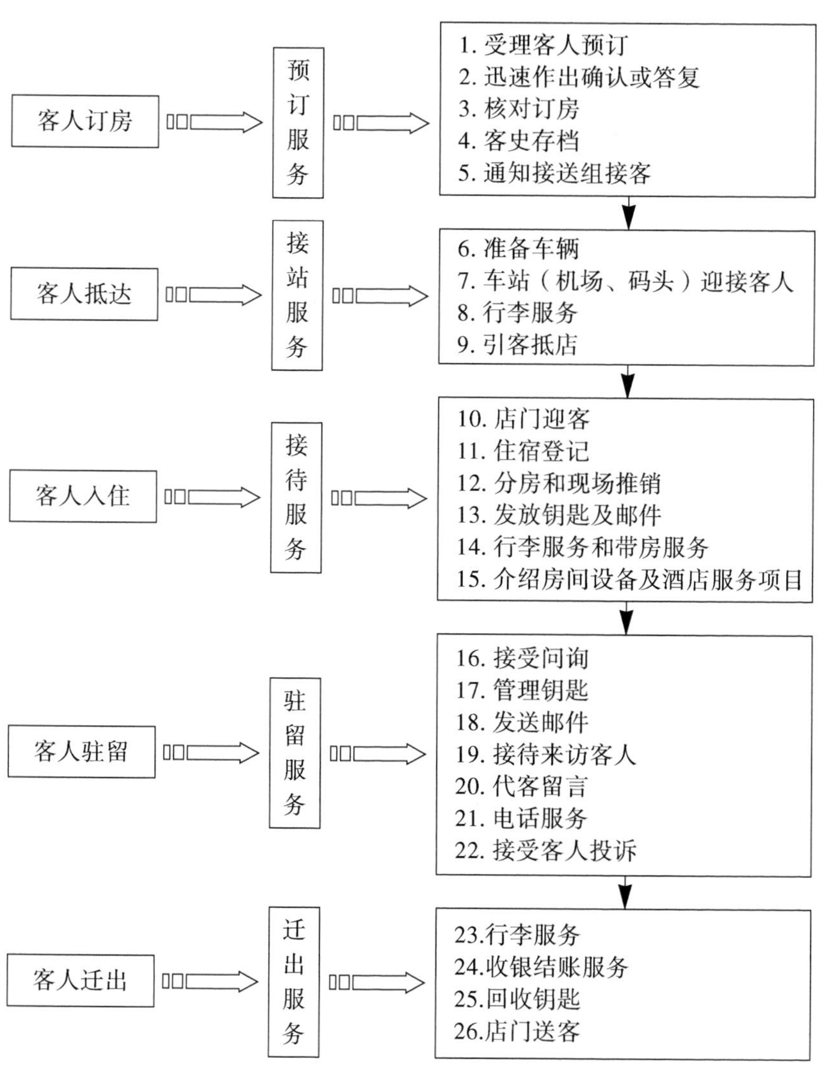

2. 前厅管理

前厅管理与前厅服务密不可分，主要内容如下图所示。

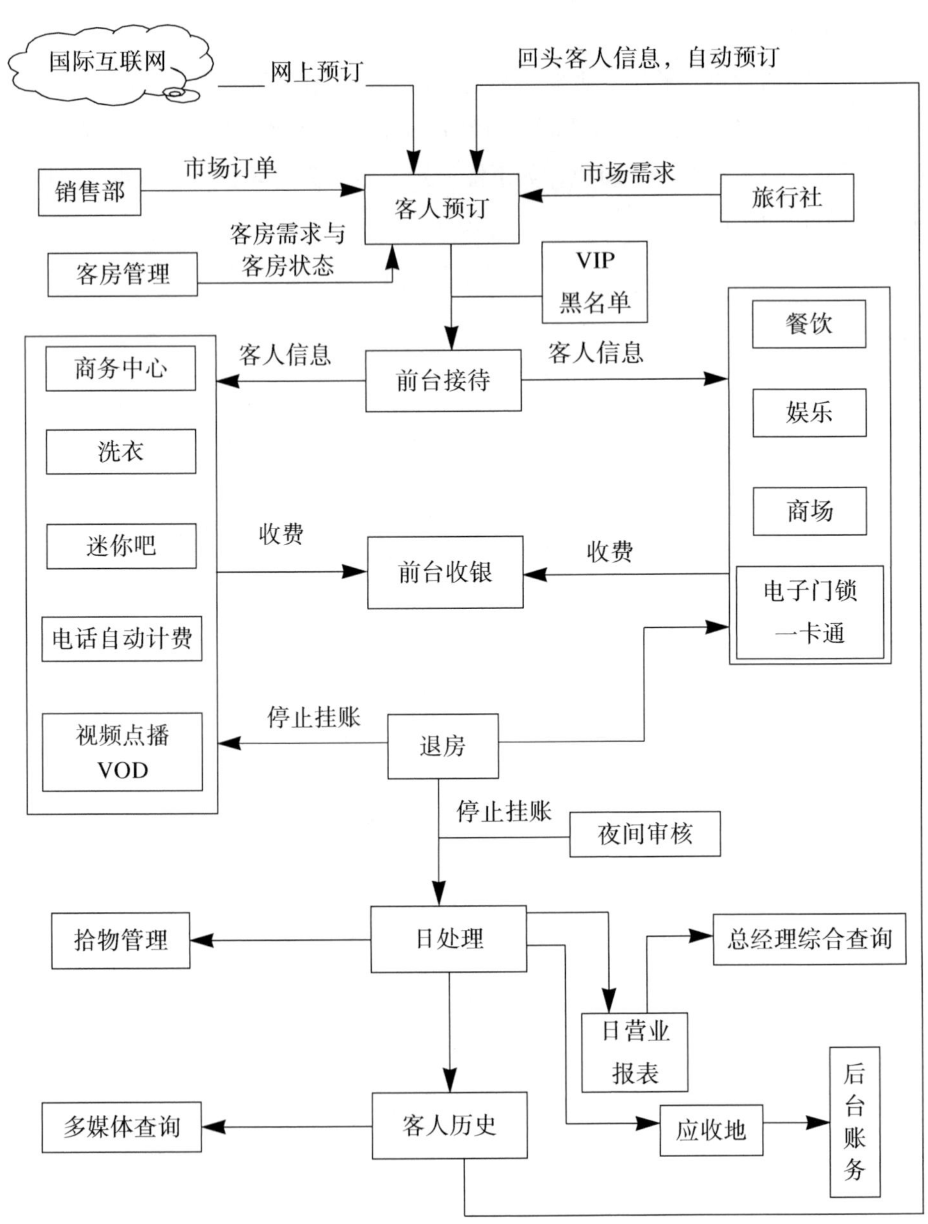

前台系统功能图（流程图）

下篇

客房服务与管理

客房部岗位认知

一、客房部组织机构及其职责范围

客房是酒店建筑设施的主体，是客人休憩的主要场所，是旅游者旅途中的家。因此，客房部是酒店经营管理的关键部门之一。客房部的日常业务包括两个基本方面：一是提供对客接待服务；二是提供清洁卫生服务。与此相适应，客房部组织机构的基本设置如下图所示。

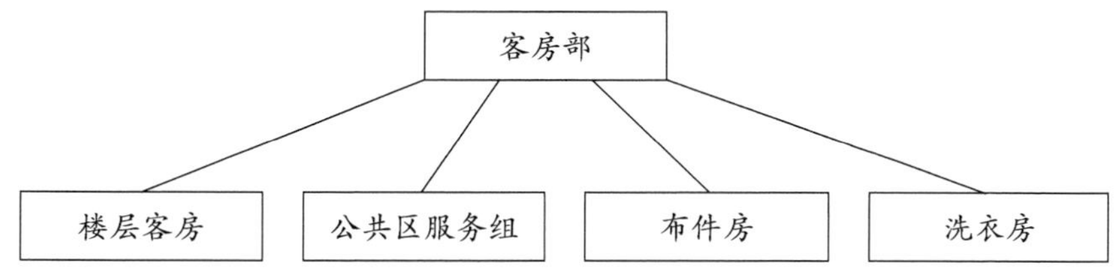

由于酒店的规模和档次不同，所以其机构层次与设置方式也会有所不同，但无论如何改变，都离不开上述两项业务。客房部下设各部门的责任基本分工如下。

1. 楼层客房

（1）按照酒店接待服务程序的要求，做好接待服务和卫生清洁工作。

（2）接受客人委托代办事项，并按规定程序完成。

（3）做好安全保卫工作。

（4）按要求填好各种表格和报表。

2. 公共区域服务组

（1）负责酒店公共区域的清洁卫生工作。

（2）负责酒店公共区域的绿化美化工作。

3. 布件房

（1）负责客房布件、物品的申领、登记、保管和发放工作。

（2）负责客房布件的送洗、缝补工作。

（3）负责废旧物品的更新、回收工作。

（4）负责员工制服的发放工作。

4. 洗衣房

（1）按照定额和质量要求完成客衣、员工制服、棉织品等布草的洗烫任务。

（2）做好洗涤设备的使用与保养工作。

（3）建立严格的现金和衣物及布草保管制度。

（4）所有操作程序都要讲究清洁、卫生。

（5）注意节约水、电、蒸汽和洗涤原料。

（6）负责处理有关客衣等物品的客人投诉。

二、客房部主要岗位职责

1. 客房部经理

（1）全面负责客房部工作，向总经理或分管房务的副总经理负责，客房部经理以计划、组织、指挥和控制等管理手段，全面实施客房部的管理工作。

（2）负责制定本部门员工的岗位职责及工作程序。

（3）负责本部门员工的聘用、培训及工作评估。

（4）对客房部物资、设备进行管理和控制。

（5）提出客房陈设布置的方案及更新改造计划。

（6）制定房务预算，控制房务支出。

（7）巡视和检查本部门的工作状况。

（8）对客房服务质量进行管理和控制。

（9）保持与其他部门的联络和合作。

（10）不断改进和提高客房管理水平。

2. 楼层主管

（1）主管客房楼层的清洁卫生及对客服务的一切工作。

（2）督导楼层领班及服务员的工作。

（3）控制客房楼层清洁卫生及对客服务的标准。

（4）巡视客房楼层范围，检查贵宾客房，抽查已清理完毕的客房。

（5）处理客人的投诉及突发事件。

（6）与前厅部密切配合，核实客房状况差异，提供准确的客房状况。

（7）完成《楼层工作日志》。

3. 楼层领班

（1）督导客房服务及楼层杂工的工作。

（2）负责所管辖楼层员工的工作安排和调配。

（3）巡视所管辖的楼层，检查客房清洁卫生及对客服务的质量。

（4）检查客房的维修保养事宜，安排所管辖楼层客房的大清洁计划。

（5）检查所管辖各楼层各类物品的储存及消耗量。

（6）留意客人动态，处理客人投诉。

（7）掌握及报告所管辖楼层的客房状况。

（8）负责所属员工的考勤与考绩。

（9）填写《领班工作日志》。

4. 客房服务员

（1）清扫与整理客房，补充客房供应品。

（2）为客人提供各项服务。

（3）报告客房状况。

（4）检查及报告客房设备、物品损坏及遗失情况。

（5）报告客人遗留物品情况。

（6）清点布品。

（7）负责开启房门，让有关部门的员工进房工作。

（8）填写《客房清洁工作报表》。

5. 楼层杂工

（1）负责清洁及整理楼层的储物室。

（2）负责清洁所属楼层的公共区域，如走廊、楼梯、电梯口等。

（3）搬运布品及垃圾。

（4）搬运家具、地毯等。

6. 公共区域主管

（1）主管全酒店公共区域的清洁卫生工作。

（2）督导下属员工的工作。

（3）巡视公共区域，检查清洁卫生质量。

（4）指导和检查地毯保养、虫害控制、庭园绿化、花卉布置、外窗清洁等专业工作。

（5）安排公共区域大清洁计划。

（6）控制清洁剂、清洁用品的消耗量。

（7）填写《公共区域工作日志》。

7. 公共区域领班

（1）督导下属员工的工作。

（2）安排下属员工的工作及调配，全面完成各项清洁卫生工作及服务工作。

（3）检查公共区域的清洁卫生及服务情况。

（4）检查及报告公共区域内设施、设备、用品的损坏情况。

（5）检查衣帽间及洗手间的清洁和服务状况。

（6）控制清洁剂及清洁用品的消耗。

（7）填写《领班工作日志》。

8. 公共区域清扫员

（1）负责领班所安排的区域范围内的清洁工作。

（2）正确使用清洁剂及清洁工具。

（3）在工作区域内，按要求喷洒药水或放置卫生药品，杀灭虫害。

（4）报告在公共区域内的任何失物。

9. 布品房主管

（1）主管全酒店布品及员工制服事宜。

（2）督导下属领班及员工的工作。

（3）控制布品及制服的运转、储藏及损耗。

（4）定期报告布品及制服的损耗量，制定预算，提出补充或更新计划。

（5）与餐饮部、洗衣房及客房楼层保持密切的联系与协作。

（6）填写《布品房工作日志》。

10. 布品房领班

（1）负责下属员工的工作安排和调配。

（2）负责下属员工的考勤与考绩。

（3）协助主管控制棉织品及员工制服。

（4）监督所有棉织品、制服的收发、分类和储存。

（5）填写《领班工作日志》。

11. 客房服务中心值班员

（1）接受客人电话提出的服务要求，迅速通知楼层服务人员为客人提供服务。

（2）报告客人的投诉。

（3）设法解决客人提出的疑难问题。

（4）定时与各楼层通电话，核实客房状况。

（5）作好各种记录。

三、客房部主要设备及其使用与保养

1. 家具设备

（1）床：是向住店客人提供睡眠和休息的主要设备，其种类有：标准单人床、双人床、豪华床、折叠活动床。

（2）衣柜：用来盛放客房内各种备品（如棉被等）和挂放客衣。

（3）电控柜（亦称床头柜）：常置于两床之间或床的两侧，内置多条电路，用于控制室内各种电器的开关。常见的控制电器有电视、壁灯、床头灯、地灯、脚灯、廊灯、音响和“请勿打扰灯”等。柜面上常放置电话机、方便笺、电视遥控器、空调遥控器等摆件和物品。

（4）小圆桌（或茶几）：常用于放置杯具、烟灰缸等物品。

（5）软座椅（或沙发）：常置于小圆桌两旁，供客人小憩之用。

（6）写字台：上置电视机、服务指南等物品。

（7）行李架：架面上铺以其他附属设备，用于盛放客人的行李物品，下面常用于放置客用华盖等物品。

2. 电器设备

（1）电视机：是客房的高级电器设备，常置于写字台上或特别的电视桌上；电视机应置于阴凉通风且避光的位置。在每天清扫客房时，应用干布擦拭机壳上的浮尘并定期检修。

（2）空调：用于保持客房恒温和调换新鲜空气的设备。其种类常见有两类：一类为中央空调，另一类是分体式空调。空调设备要保持风口的清洁。在使用空调器时，应按规定操作，不要让水溅到开关上，以免发生漏电、触电事故；每隔两个月要清洗一次空气过滤网，检查一次制冷制热、噪声、运行情况，发现问题及时处理；保持通风流畅，定期清洁空调器表面，保持整洁，但绝不可用去污粉或其他酸性的洗涤剂擦洗。

（3）电冰箱：为方便客人饮用饮料而设置，客人可根据需要饮用，用后填写《客房饮料签单》即可，服务员在整理房间时将饮料补齐，并将账单转到收银处；电冰箱应置于通风、干燥、距墙100mm的地方，并根据季节调整温度；电冰箱应定期清洁内部卫生，定期除霜。

（4）音响：一般置于床头柜上半部，供客人收听有关节目或欣赏音乐用。

音响要定期检修，并置于通风良好、避光直射、远离热源的地方，以免损坏机内零件。操作音响时动作要轻柔，不要用力过猛，以免损坏机件。

（5）照明设备：常见照明设备有门灯、顶灯、廊灯、地灯、台灯、吊灯、床头灯等灯具。它们既是照明设备，亦是客房的装饰品。照明设备的保养首先是电源的保养，周围要防潮；插座要牢固，电线要沿墙理顺，电源开关要灵活、灵敏，不能跑电、漏电。照明设备使用时，切记不可用湿布擦拭，应断电后再擦，并定期检修。

（6）电话：方便客人与外界、客人及酒店的联系，一般常设两部电话机，一部置于床头柜上，另一部置于卫生间；电话机要用干布擦净表面的灰尘，话筒要用酒精消毒，并要定期检修。

（7）门铃：常将电钮装于房门外，门铃在客房内，是服务员进入客房的应答设备。门铃的电钮应用干净抹布每天擦拭，并应定期检修。

3. 卫生设备

特指卫生间的设备，主要有面镜、洗面台、座厕、浴缸、浴帘、浴凳、脚巾、巾架、通风设备等。

保养要点如下。

（1）洗面池、浴缸、座厕的擦拭要求既保持清洁，又不能破坏其原有光泽。

（2）用中性洗涤液清洗各种设备。

（3）所有金属设施每天用干布擦净、擦亮。

（4）定期检修上、下水槽和水箱，以免发生下水不通和水箱漏水事故。

4. 其他设备和物品

（1）烟感器（烟雾报警器）：主要用于预测客房内是否发生火灾。

（2）窥镜：主要用于察看室外的情况。

（3）安全链：是在室内门锁周围设置的一种安全防范设施。

（4）走火图；是一张标示客人所在位置及安全通道的方向的图纸。一般张贴于房门后的醒目位置。

（5）服务指南夹：内有标明酒店名称、地址、电话等内容的信封、信纸、明信片、征求意见书、洗衣单、电传纸、电报纸、电话使用说明、宾客须知、小张便笺、圆珠笔、针线包以及其他宣传品。

（6）床上用布草：床垫、床单、床罩、毛毯、枕芯、枕套、丝棉被等。

（7）卫生用品：手巾、面巾、浴巾、脚巾、澡巾、浴帽、香皂、玻璃杯、梳子、卫生纸、卫生袋、洗浴液、洗发水等。

（8）其他摆件：烟缸、火柴、水杯、热水瓶、冷水具、纸篓、洗衣袋、衣刷、衣挂、拖鞋、擦鞋纸等。

5. 客房清洁工具

主要包括：吸尘器、洗衣机、打蜡机等（使用与保养方法略）。

四、客房的种类

1. 单人房（Single Room）

这类客房中，放置一张双人床，是酒店中最小的客房，房内有独立的卫生间，适用于单身客人或夫妻。新婚夫妇使用时，称“蜜月客房”。

2. 双人间（Two-Bed Room）

这类房间配备两张单人床，称为“标准间”（Twin Room）。可供两位客人住宿。酒店绝大多数的客房都为标准房。

3. 普通套（Junior Suite）

这类房间有卧室、卫生间、一间会客厅（也可作为餐室），配备大号双人床。

4. 豪华套房（Deluxe Suite）

此类套间十分注重装饰布置、房间气氛及用品配备，以呈现豪华的气派。有卧室、会客厅（餐室）、书房和两个卫生间。卧室中配置大号双人床或特大号双人床。

5. 总统套房（Presidential Suite）

总统套房由多间客房组成，室内设备和用品华丽、名贵。套房内分总统房、夫人房、随从房、警卫房，另有客厅、办公室、会计室、娱乐室、书房、健身房、餐厅、厨房等。男女卫生间分用，还有桑拿浴室、按摩浴池等高级设施。整个套房装饰高雅豪华。

另外，如果按房态即客房状态分类，一般有住房、退房、空房、维修房（即房间尚待维修，暂不能使用）四种。

五、客房状况及其标记

1. VC（Vacant Clean）空房/空置清洁

2. VD（Vacant Dirty）走客房/空置肮脏

3. OD（Occupied Dirty）未做住客
4. OC（Occupied Clean）已做住客
5. O.O.O（Out of Order）待修房（坏房）
6. ECO（Estemated Check Out）预计退房
7. NS（No Smoking）无烟房
8. S/O（Slept Out）外睡房
9. D/L（Double Lock）双锁房
10. DND（Do Not Disturb）请勿打扰
11. MUR（Make Up Room）请即打扫
12. RS（Refuse Service）拒绝服务
13. N/B（No Baggage）无行李
14. L/B（Light Baggage）少行李
15. VIP（Very Important People）重要客人
16. LSG（Long Staying Guest）长住客
17. C/O（Check Out）结账
18. C/I（Check In）入住
19. DO（Due Out）预退房
20. V（Vacate）空净房

项目六　客房卫生服务

[实训目标]

本项目重点训练客房卫生服务基本技能，掌握客房整理、清洁、保护等服务方式、服务程序和服务要领，向客人提供良好的住宿环境。学员通过实训应达到如下标准。

- 熟悉客房部的功能，掌握客房各种设施用品的摆放及维护、保养程序。
- 熟练掌握客房部的清洁业务，特别是做床技巧和卫生间清洁技巧。
- 掌握各种清洁工具、设备的操作使用方法。

[资料索引]

学员要完成本项目的技能训练，必须认真阅读如下资料。

序号	资料名称	索引号
1	清扫客房工作标准流程	KF01
2	做床工作标准流程	KF02
3	房间擦尘工作标准流程	KF03
4	清扫客房服务标准	KF04
5	清洁浴室服务标准	KF05
6	OK、OC、OOO房的清洁服务标准	KF06

[工作程序]

请按图6-1所示程序进行操作训练。

图6-1　客房卫生服务实训程序

[实训准备]

- 一间标准客房，一间豪华套房。
- 成套客房设施、设备和各种备品。
- 酒店常用清洁工具。

［任务1］准备房务车

房务车是客房清洁工清理房间最重要的工具，是供清洁整理客房用的，有三层或四层大小不同的规格，一般为一面开口，以供放取物品。在开始清洁客房前，清洁人员应按要求把房务车布置好。房务车不仅减轻了劳动强度、省时，也是一种服务的标志。

请按照15间标准客房备齐一天所需的消耗品，同时备齐垃圾袋、布草袋以及清洁工具。要求按规定标准整齐摆放在车上，要求所需物品、工具齐全完整、摆放有序。

具体操作流程如下。

1. 取出房务车的所有物品。

2. 擦抹房务车身：用半湿抹布抹车身内外，每周对车身上一次金属保养剂。

3. 检查房务车

（1）注意检查车身有无毛刺，车轮是否灵活。

（2）布草袋上的挂扣必须全部扣紧，保证有足够的支撑力去放置布草。

4. 摆放物品

（1）床单和枕套放在最底层，以保证车身平稳。

（2）中间层放“四巾”。

（3）顶层放文具用品和低值易耗品，注意把贵重物品放在不显眼处。

（4）各类物品必须归类摆放整齐。

（5）干湿抹布和不同类的清洁用具应分开放置。

［任务2］进房服务

如何进入客房是酒店客房服务的一项基本功。进入客房有一套严格的操作规范，不按此规范可能会出现很多尴尬的事情，从而引起客人投诉，甚至引发纠纷，因此训练如何进入客房意义十分重大。

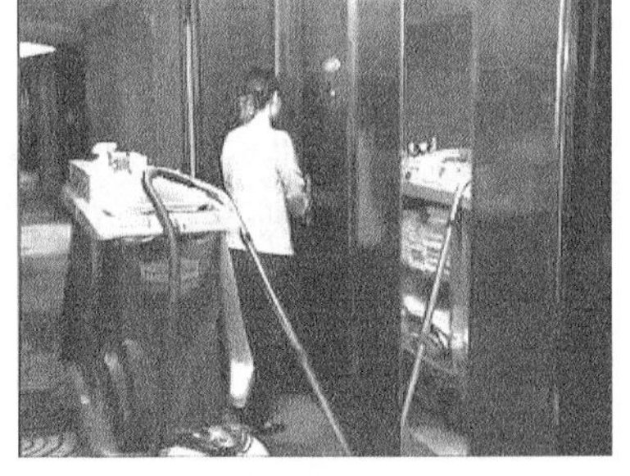

具体实训步骤如下。

1. 观察。观察室外情况。观察门框、门扇、门柄、房间号码的清洁程度和有无破损情况。发现破损后对破损部位进行登记。注意严禁通过窥视镜孔向房间内窥视，灯光显示器显示“请勿打扰”或门把上挂“请勿打扰”牌时，不要进入房间和敲门，同时将此房房号、时间记录在工作报表上。
2. 敲门。以食指或中指第二关节在房门表层轻敲三下，时间节奏为半秒（注意：不要按门铃，门铃是供客人使用的）。
3. 等候和报名。站立在房门外正中位置，距离房门40厘米处，目光平视开门线。敲门后5秒钟自报工作职务。
4. 第二次敲门。在无回音的情况下使用，操作规范同上。
5. 开门。在无回音的情况下，将钥匙插入锁内轻轻转动，轻推钥匙或握住门柄将门轻轻开启。
6. 报名和进入客房。开门的时候再报部门或工作职务名称，同时以客人能听清为准的音量亲切问候。如客人在房间，在客人答允后再进入房间；如问候后无回音，5秒钟后即可进入房间敞开房门，将房门敞开到90度角，使闭门器发生效用。在客房清洁的整个过程中，房门要始终敞开着。

[任务3]西式做床

1. 实训用品准备

（1）床：西式标准单人床（110cm × 200cm × 44cm）。

（2）床上用品：床单（284cm × 200cm）、毛毯（242cm × 200cm）、枕芯（45cm × 75cm）、枕套（50cm × 80cm）、定型床罩（267cm × 110cm，裙长44cm）。

2. 实训步骤

（1）拉床

站立在床尾30厘米处，两脚前后交叉一足距离，屈膝下蹲并重心前倾，用双手握紧床尾部，将床屉连同床垫同时慢慢拉出，使床身离开床头板50厘米。

（2）摆正床垫

① 将床垫与床屉边角对齐。

[任务4] 中式做床

中式铺床，是按照我国传统的风俗习惯配备和整理床铺，是近几年在星级酒店又重新兴起的铺床方法。其优点是，便于客人入睡时进入被窝，符合人性化管理的要求并具有民族特点。中式铺床除边角不包外，其他程序与西式做床一样。

具体操作步骤如下。

1. 拉床。
2. 对正床垫。
3. 整理棉褥。
4. 铺床单（上述步骤同西式铺床）。
5. 摊被套：将被套内外翻转，并摊平在床铺上。
6. 装棉胆：将棉胆平铺在床面上，将左右手伸入被套内，先抓住被套的内角，然后同时抓住棉胆的两个角，慢慢提起棉胆，让棉胆顺势逆方向滑入被套内，并让棉胆四角与被套四角相吻合。最后拉上拉链或系上被套开口处的绳子，并整齐平铺在床面距床头50厘米处。
7. 套枕袋：把枕芯横放在床面上，左手抖开枕袋平铺床上，张开袋口，用右手捏住枕芯的两个前角，从枕袋开口处送入直至袋端，然后将枕芯两角推至枕袋两角端部。最后用两手提起枕袋口轻轻抖动，使枕芯自动滑入，装好后的枕芯要把枕袋四角冲齐。
8. 放置枕头：将套好的枕头放置床的正中，单人床将枕袋口反向于床头柜，两个枕头重叠摆放；双人床放枕头时，将四个枕头两个一组重叠，枕套口方向相对。枕头放好后要进行整形，轻推枕面，使四角饱满挺实，注意不要在枕面上留下手痕。
9. 床归原位：利用杠杆原理以脚背和小腿把床身缓缓推回原位置，最后再将做完的床查看一次。对不够整齐、造型不够美观的床面，尤其是床头部分，用手稍加整理。

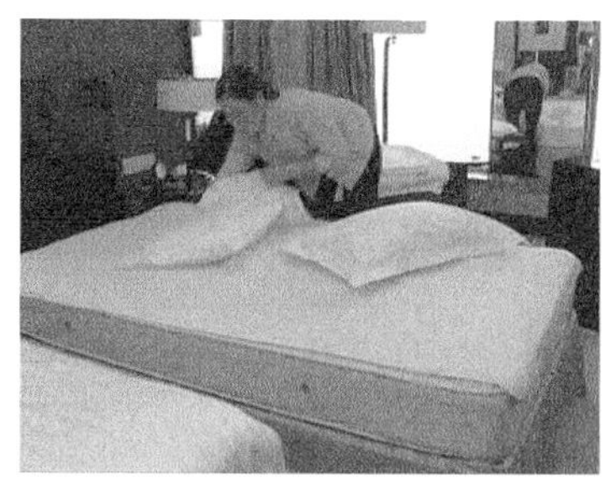
（1）检查整理

（2）套枕套

（3）铺床单

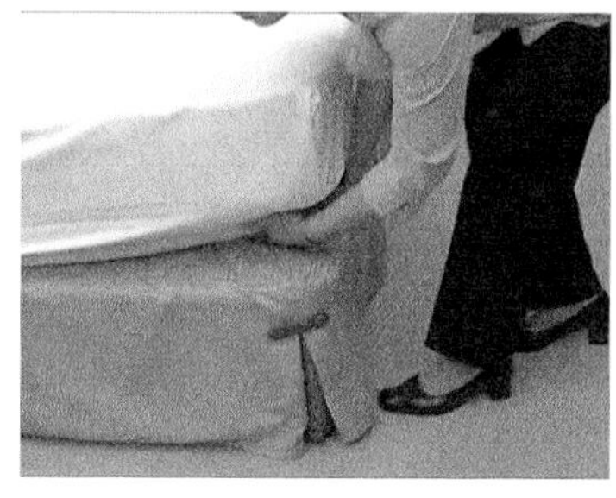
（4）床单包角

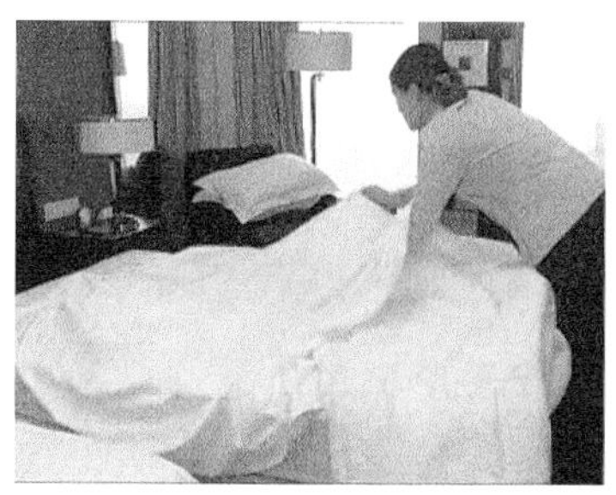
（5）套被套

（6）棉被铺床

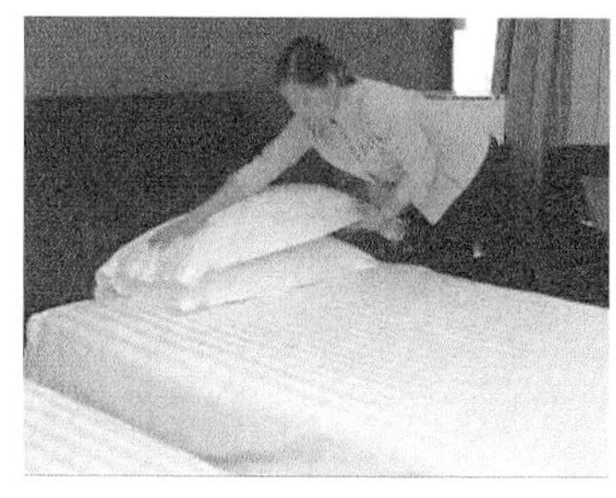
（7）放置枕头

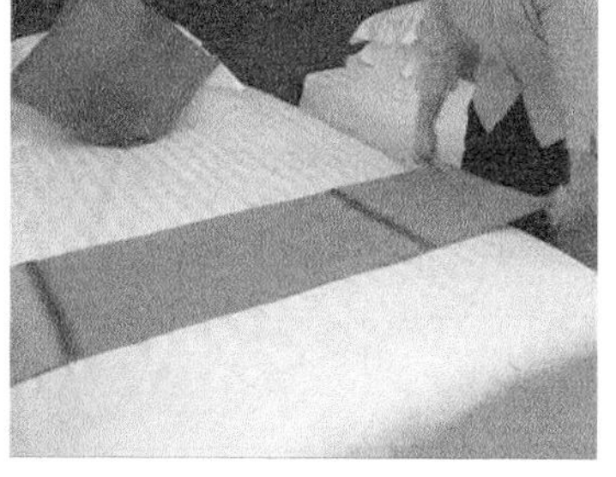
（8）放置靠枕和床尾巾

中式铺床程序图

[任务5] 房间及卫生间清洁

1. 请按住客房标准进行垃圾杂物清理、抹尘、清洗、吸尘等清洁工作的练习，注意不同清洁工具及用品的使用。
2. 请按如下数量要求配放卫生间备品和客用物品。

卫生间备品	数量	卫生间备品	数量	客用物品	数量
废纸篓	2	肥皂	2	信息资料册	1
烟灰缸	3	平底漱口杯	2	记录纸	1~2
西服刷	1	面巾纸	2	圆珠笔	1~2
鞋刷或擦鞋纸	1	卫生纸	1	洗衣单	1~3
鞋拔	1	踏脚垫	1	火柴	2~3
衣架	5~8	浴巾	2		
刮脸刀	2	脸巾	2		
洗脸、嗽口用品	2	手巾	2		

[任务6] 客房清扫综合训练

1. 以《维多利亚酒店客房清扫程序与操作方法》为标准，独立完成一个房间的清扫任务。
2. 完成清扫任务并配齐客房用品后，根据虚拟情境填写《楼层服务员做房日报表》（见表6-2）。
3. 以小组为单位查房并评分（评分表见表6-3）。

维多利亚酒店

Victoria Grand Hotel　　**客房卫生清扫程序及操作方法**

★★★★

客房卫生清扫工作应尽量在宾客外出时进行，遵循“宾客不出不扰，宾客一出即搞”的原则。清扫程序按先搞房间卫生再搞卫生间卫生的顺序进行，具体操作方法如下。

一、房间卫生清扫程序及操作方法

1. 敲门进入

（1）敲门进入房间，防止打扰宾客（敲门一长二短）。

（2）敲门后等候，不能边敲门边开门。

（3）轻轻开启房门，文明操作。

（4）开门操作直至工作完毕。

（5）使用服务用语，开启房门的同时报说："我是服务员，现在可以清扫房间吗？"

2. 房间清扫

按照"十字操作法"进行。

（1）拉：拉开窗帘，打开窗户。

（2）倒：倒纸篓内的垃圾、烟灰缸内烟灰及废弃物。

（3）做：做床要掌握十二个环节。

铺床单掌握　甩单、定位、包角三个环节。

铺毯子掌握　盖毯、包边、包角三个环节。

铺床罩掌握　定位、塞边、罩枕三个环节。

套枕套掌握　装芯、定位、整形三个环节。

（4）擦：擦尘使用一湿一干两块专用抹布、按顺时针或逆时针方向从房门擦起，每擦一件家具，设备就要检查一项，注意不漏项。既迅速又认真，方法是先上后下，先里后外，从左向右，先湿后干，环形操作，对桌上摆放的各种物品要放归原位，对宾客的物品要轻拿轻放，凡属贵重物品或不易挪动的物品不动为好，对书报杂志等稍加整理摆放到恰当位置。

（5）查：检查设施、设备、电器安全、客用品使用情况。

（6）添：添补更换客用品和供应物品。

（7）吸：每天用吸尘器从里向外吸地毯，注意边角处，对大块物品、锋利物品、液体物品不宜用吸尘器吸。

（8）观：观察有无漏项、物品摆放是否规范美观。

（9）锁：锁好门。

（10）登：在清扫工作单上按项目要求逐一登记。

3. 做床具体步骤

（1）将床拉出距床头板40~50厘米，拉床时双膝下蹲动作要轻稳、检查床的脚轮是否灵便。

（2）撤毛毯应叠好放在椅子或沙发上备用，不要用力拽及撤下抛放在地毯上。

（3）撤床单及枕袋应一条一条撤，不要强力拉拽，注意不要将宾客衣物裹走。撤下的床单枕袋应直接放入布巾袋中，不要放在地毯上。

（4）做床前要整理床垫及床褥，清理毛发及杂物，按规范要求定期翻转床垫。

（5）做床操作

① 站在床尾，将第一条床单抖开、正面向上，中心线取中、四周均匀，然后包边包角，直角或斜角均可。

② 将第二条床单抖开，正面向下，中心线与第一条床单中心线对齐，床单的前端多出床垫5厘米，然后将毛毯抖铺在床面上，毛毯前端与床垫齐平，毛毯商标应在床尾中心线与床单中线对齐处，用多出床垫5厘米那部分床单包毛毯前端边后再反折30厘米，然后将床尾两角包成直角或斜角。

③ 将枕袋抖开，把枕芯左右两角对折平稳送入枕袋后放开两角，用同样方法将后两角套入枕袋口内，套好的枕四角塞满枕形挺括，摆放在距床头10厘米处，两个枕头开口向床头柜反方向。

④ 铺床罩中心线要对正，两侧部分相等，先将床尾定位以不拖地为准，然后将多余部分塞入两枕之间，并留出罩枕部分罩枕。

⑤ 做床完毕，将床推回原位，检查外形并做必要的调整。

4. 做床注意事项

抖单时应注意床头柜上宾客放的小件物品；有损坏和印迹的床单、枕套不能使用；注意床上不能有毛发。

5. 擦尘程序及操作方法

（1）房间门

擦房间门时，应把门号牌、门面、门框、安全指示牌擦干净。

检查门锁、门铃、门镜、安全扣链是否正常。“请勿打扰”、“请即打扫”牌是否齐全。

（2）壁柜

住客房间只擦外面，如果是空房就要把壁柜里外擦干净，检查衣架、一次性拖鞋、擦鞋纸袋、备用被是否齐全。

（3）行李柜

房间住有宾客时只擦大面，待宾客走后再把整个行李柜里外擦拭干净。

（4）写字台

写字台要先用湿擦布擦去污迹、水印等然后用干擦布擦亮。文具夹、台灯要用干布擦，同时检查文具夹内用品是否齐全，台面物品及宾客摆放的物品、文件资料不要弄乱，原物擦完归原位。

（5）穿衣镜、梳妆镜

擦穿衣镜、梳妆镜时要小心，先湿后干擦拭，要求镜面光亮无水点印、手印、布毛、灰尘。

（6）椅子、梳妆凳

擦椅子、梳妆凳应先检查是否有松动现象，然后用湿布擦去灰尘。

（7）电视、电视柜、电冰箱

擦电视、电冰箱要用专用擦布，挪动时注意电源线，检查是否工作正常。

（8）窗台

窗台要用潮湿布擦净，检查窗户是否关好。

（9）窗帘

调整拉闭窗帘，检查有无脱钩现象。

（10）沙发、茶几

擦沙发时，首先检查有无松动现象，注意清理靠背与座缝隙处的杂物，擦净沙发四腿。

擦茶几要先用湿布擦去污迹，然后用干布擦净。

擦完后将沙发、茶几归位。

（11）落地灯

先用干布擦去灯伞上的浮土，然后擦连接杆及底座的灰尘，检查电源线、开关、灯泡是否安全完好。

（12）床头及灯

擦床头板及床头灯均用干布擦拭并注意保持墙面的洁净。

（13）床头柜、电话

一般电器开关都在床头柜上，所以擦拭时应检查各种开关和灯是否完好，发现故障应及时报修，保持床头柜洁净。

擦拭电话要检查电话机是否工作正常，定期用酒精棉球擦拭消毒。

（14）将整个房间内墙围子用湿布擦一遍。

二、卫生间清扫程序及方法

卫生间的卫生质量是宾客特别是女宾所注重的项目，卫生间设备及用品都要与宾客皮肤直接接触，卫生间是宾客沐浴梳洗的场所，卫生间的设施水准及卫生质量是酒店等级和管理水平的体现。

卫生间主要设备有：脸盆、浴盆、恭桶，应保持洁白光亮、无污迹、无锈迹、无尘土、无毛发。

擦卫生间应使用专业去污刷，需将3至5块擦布严格分开使用。

卫生间清扫程序及方法如下。

（1）清扫卫生时首先开灯，将清扫工具带入，按水箱冲洗恭桶。

（2）将宾客用过的毛巾撤出直接放入布巾袋中。

（3）倒纸篓，将垃圾袋及废弃物倒入布草车垃圾袋中，换上新垃圾袋。

（4）洗烟灰缸、漱口杯。

（5）擦洗卫生间设备，按照先脸盆、浴盆，后水箱及恭桶的顺序，由里向外擦拭，然后用清水冲净，再用专用擦布依次擦干、擦亮。

（6）擦洗磁砖墙面与擦洗浴盆同步进行，用蘸有清洁剂的百洁布由上而下擦拭，然后用清水冲净，再用干擦布擦干、擦亮，注意擦拭浴盆与墙面连接处。

（7）擦拭检查设备，用干净专用擦布将面巾杆、毛巾架、浴帘杆、电源面板、恭纸架等处擦净，同时检查水龙头、三大件下水、电灯、电话是否有故障，发现问题及时报修。

（8）擦镜子：先用一块潮干布擦拭一遍，再用一块干擦布擦亮，注意擦拭镜子下方的水点及污迹，最好使用玻璃清洁剂，以使镜面寿命长久。

（9）擦亮龙头。

（10）清洗地面：平日保洁与定期刷洗相结合。

（11）布置浴室：摆放大浴巾、面巾、脚垫；摆放香皂、牙具、梳子、浴液、发液、浴帽等；擦手纸、恭纸摆放时将纸头叠成三角形。

（12）收尾工作：卫生间清扫完毕要环视一遍，查有无漏项，确保清扫质量，然后关灯，浴室门关一半。

表6-2 做房日报样表

维多利亚酒店

Victoria Grand Hotel 楼层服务员做房日报表

★★★★ Room Attendant Make Up Room Report

楼层（Floor）：__________ 姓名（Name）：__________ 日期（Date）：__________

房号（Room No.）	客房状态（Rooms Status）	住客人数（Guest Count）	时间（Time）		酒水（Drink）	维修与保养（Repair & Maintenance）	备注（Remarks）
			进（In）	出（Out）			

额外服务

（Extra Service In Rooms）

加床

（Extra Bed）__________

熨斗 熨衣板

（Iron & Board）__________

吹风

（Hair Dryer）__________

插座

（Adapter）__________

其他

（Others）__________

表6-3　查房评分表

查房评分表

日期　　　　楼层　　　　房号　　　　房态　　　　楼层　　　　服务员

清洁项目		分数					备注（工程问题）
		5	4	3	2	1	
1	客房门						
2	空调窗（2个）						
3	走廊顶灯						
4	壁柜						
5	酒吧台						
6	冰箱						
7	行李柜						
8	梳妆台						
9	梳妆椅						
10	梳妆镜						
11	台灯及灯罩						
12	四屉柜						
13	电视						
14	电视转盘						
15	地灯及罩						
16	窗台						
17	玻璃窗						
18	窗台、窗帘盒						
19	扶手椅						
20	圆桌						

（续表）

清洁项目		分数					备注（工程问题）
		5	4	3	2	1	
21	床						
22	床头灯及灯罩						
23	音响床头柜						
24	画框						
25	墙纸						
26	墙裙板						
27	卫生间						
28	面盆及台面						
29	镜子						
30	手纸、面纸托						
31	恭桶及水箱						
32	浴盆						
33	浴帘杆						
34	毛巾架（2个）						
35	大理石壁面						
36	大理石地面						
37	顶灯及灯罩						
38	天花板						
39	换气风口						
40	地毯						
结论							

做床员　　　　卫生间清洁员　　　　领班

[学习资料包6] 客房卫生服务

资料名称：清扫客房工作标准流程　　　　索引号：KF01

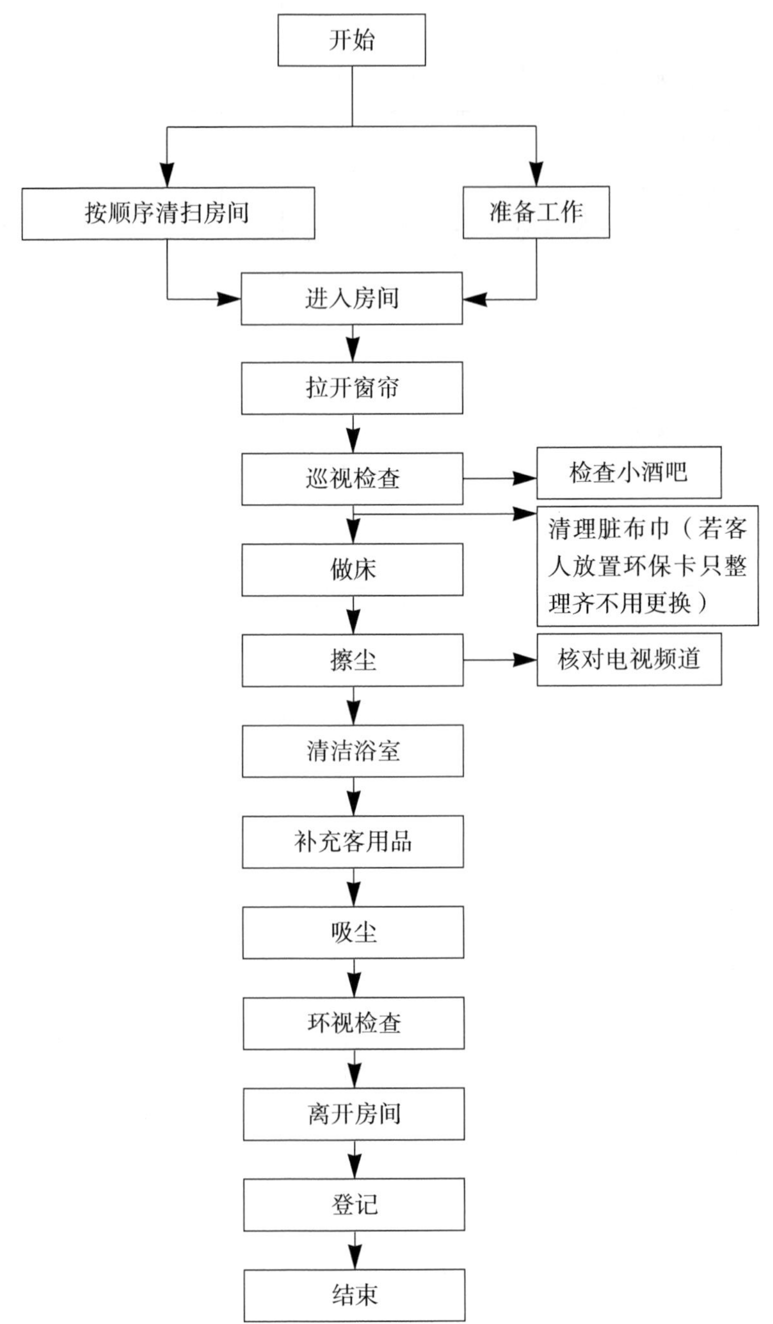

资料名称：做床工作标准流程　　索引号：KF02

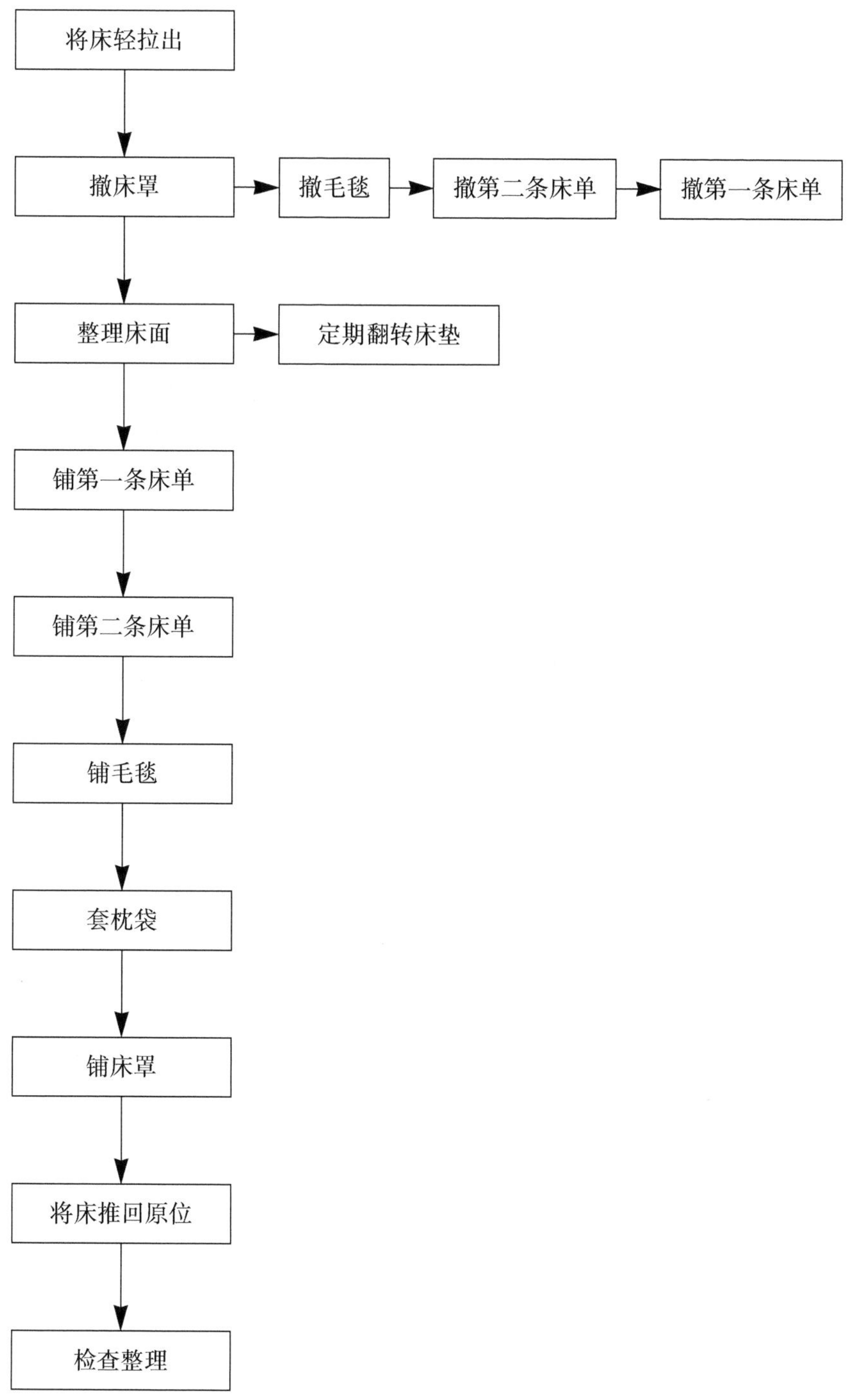

资料名称：房间擦尘工作标准流程　　　　索引号：KF03

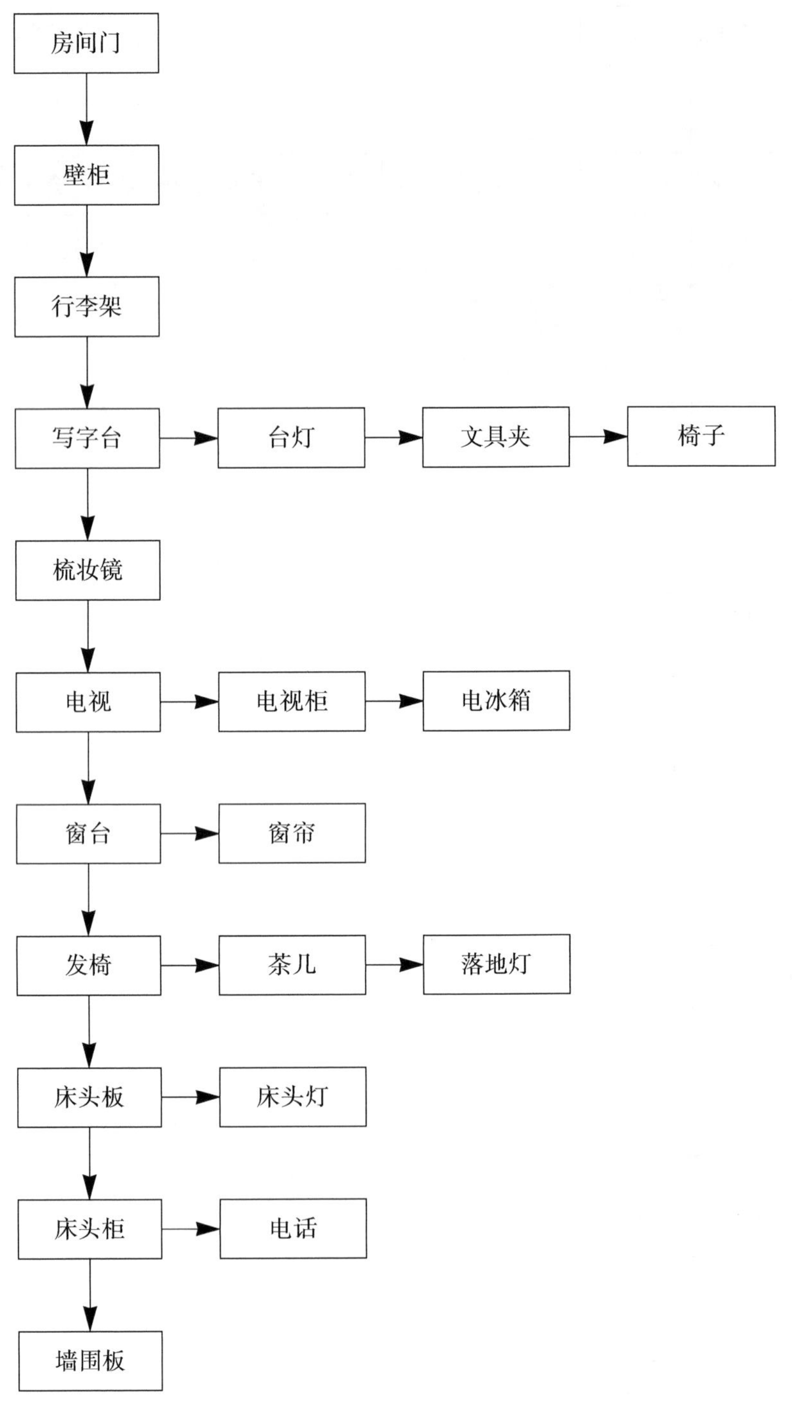

资料名称：清扫客房服务标准 **索引号：KF04**

■ 房间清扫顺序

（1）开房率高时：“请即打扫”房，“VIP”房，退房，住客房，长住房，空房。

（2）开房率低时：“请即打扫”房，“VIP”房，住客房，长住房，退房，空房。

■ 准备工作

（1）检查工作车上客用品及工具是否齐全。

（2）将工作车靠墙放置，不要离门太近，以免妨碍他人。

■ 进入房间

（1）按门铃、敲门

① 首先检查一下房门是否挂着“请勿打扰”牌或上“双锁”。

② 轻轻敲三下门，声音不要太大，以使客人听到为准，同时报身份“服务员”。

③ 在门外等候10秒钟，倾听房内动静，如无反应，可重复以上程序两遍。

（2）开门

① 在确认房内无动静后，使用钥匙将门轻轻打开15~20cm报明自己的身份，询问“可以进来吗”后方可进入。

② 如果客人在房内，要等客人开门后或经客人同意后方可进入并向客人问候，询问客人“是否可以打扫房间”。

■ 开窗户

（1）拉开窗帘。

（2）打开窗户。

■ 巡视检查

（1）打开所有照明灯具，检查是否完好有效。

（2）检查和调节空调到适当温度。

（3）巡视门、窗、窗帘、墙面、天花板、地毯、电视、电话及各种家具是否完好，如有损伤及时报告领班报修，并在客房清洁报表设备状况栏内做好记录。

（4）检查有否遗留物品，若有发现，应立即上报并做好记录。

■ 检查小酒吧

（1）发现已消费的酒水，填写酒水单，在下班时递送前台收银处并报告领班。

（2）随手将小酒吧冰箱清洁干净。

■ 清除垃圾

（1）将房内的垃圾桶及烟缸内的垃圾拿出倒掉前，应检查一下垃圾桶内是否有文件或有价值的物品，烟灰缸内是否有未熄灭的烟头。

（2）清洁垃圾桶和烟灰缸，确保垃圾桶及烟灰缸干净无污迹。

■ 清理脏布件

（1）将客人放在床、椅等处的衣服用衣架挂起，吊入衣橱内。

（2）把床上的床罩、毛毯放在椅子或沙发上。

（3）换下床上的床单、被单、枕套，连同浴室内需要更换的四套巾（浴巾、面巾、小方巾和足巾）一起，分类点清放入工作车的布件袋内，发现有破损的布件和毛巾，应分开存放（若客人放置了环保卡则床单、被单、枕套等床上用品不必更换）。

（4）取出有客衣的洗衣袋。

（5）用工作车带进干净的布件。

■ 做床

（1）铺床单：正面朝上，褶线居中，两边匀贴，床单四角拉平包严（注意：铺床时不要用手梳理自己的头发，防止头发掉入床单）。

（2）铺被单：反面朝上，褶线与床单中线相叠，上端铺到床头顶端，下垂两侧匀称（注意：铺床时，发现有破损的或未洗干净的床单和被单要及时更换）。

（3）铺毛毯

① 毛毯上端距床头25厘米，两侧下垂部分匀称。

② 将床头长出毛毯的25厘米被单折回，作为被横头。

③ 稍用力把下垂两侧的毛毯连同被单塞入床垫下面，包紧。

（4）套枕套：将枕芯塞入枕套，四角对准、整平、拍松，发现破损或污渍要及时更换。

（5）放枕头：将两只枕头放在床头正中，正面朝上，单人床枕套口背向床头多功能柜，双人床枕口互对。

（6）铺床罩：从枕头上方将全床罩住，两枕中间及枕下垫入床罩并均匀褶缝，除床头一侧以外，床罩的其余三侧下摆匀称，不长过地面，转角铺理平整。

■ 擦尘

（1）按顺序使用抹布擦拭床板、椅子、窗台、门框、灯具及桌面，达到清洁无异物。

（2）使用消毒剂擦拭电话。

（3）擦拭灯具时，检查灯泡瓦数是否符合标准、有无损坏，如有应立即报换；保证所有房间内的家具、设备整洁。

（4）擦拭各种物件后，随手将用过的茶、酒具和客用物品放到工作车上。

■ 核对电视频道

（1）核对和检查电视频道。

（2）检查多功能柜的功能。

■ 清洁浴室

见清洁浴室程序。

■ 补足客用物品

按照规定的数量补足客用物品。

■ 关窗户

（1）关窗户。

（2）检查并整理好窗帘。

■ 吸尘

（1）用吸尘器从里往外，沿顺时针方向吸净地毯灰尘。

（2）不要忽略床、桌、椅下和四周边角，并注意不要碰坏墙面及房内设备。

（3）及时准确地用清洁剂清除地毯污渍。

■ 环视检查房间整体

检查整个房间是否打扫整洁、物品摆置是否到位。

■ 离开房间

（1）将清洁用品放回车内。

（2）擦拭门把手、关灯，并对大门做安全检查。

■ 登记

登记做房时间与情况。

资料名称：清洁浴室服务标准 **索引号：KF05**

■ 准备

带好清洁用具：小垫毯一块、擦布四块、工具箱。

■ 清除脏物

（1）撤掉脏布巾。

（2）所有脏物放入垃圾桶的塑料袋中，将塑料袋放入工作车的垃圾袋中。

（3）可以利用的物品，如肥皂头等集中放在工具箱内。

■ 清洁面盆和浴盆

（1）使用浴盆清洁剂清洁，放水漂净。

（2）用干净抹布将其擦干净，并擦净面盆台面。

■ 清洁镜面

（1）将玻璃清洁剂喷在干净抹布上。

（2）用干净抹布从上至下擦净。

■ 清洁电镀制品

（1）用干布将其表面擦净。

（2）必要时可用抛光剂进行擦拭。

■ 清洁恭桶

（1）使用规定的恭桶清洁剂（酸性）。

（2）用专用工具从上至下进行刷洗并擦干净。

（3）将恭桶外部刷洗干净并擦干。

■ 清洁墙面、排风口和地面

（1）开启排风口，擦净。

（2）用湿布蘸少量的清洁剂从上至下、从里至外清洁墙面和地面并擦干。

■ 补足客用品

按规定补足客用品。

资料名称：OK、OC、OOO房的清洁服务标准 **索引号：KF06**

■ OK房

（1）入房步骤同前。

（2）边抹尘边检查，检查棉织品有无破损，床上用品是否受潮，电器、灯具是否能正常开关，客用品是否齐全和有无移动等，发现问题应及时更换、清扫或报房务中心（如客房连续两三天空着则要对地面吸尘）。

（3）抹去卫生间浮尘，同时检查毛巾是否干燥、柔软而富有弹性，如不符要求，应立即更换。再检查卫生间马桶能否抽水，冷、热水龙头是否正常，发现有工程问题应立刻报修。

（4）若预计当天会有客人入住，将冷、热水瓶装好水，调好开关，做好清扫工作，仔细检查后关门离房。

■ OC房

（1）入房工作步骤同前。

（2）客人挂了“请清洁房间”牌的需立即安排清洁。

（3）客人在清洁房间时，须征得客人同意才可清洁，而且动作要轻，尽量少影响客人。

（4）客人挂了“请勿打扰”牌时，服务员需经常留意此牌有无除下，如除下应及时清扫，若下午3：00仍未除下，应采取以下措施。

① 立即报告房务中心和上级，请房务中心致电该房，征求客人意见，着什么时间做房较方便。

② 如无人接听电话，可征得上级和大堂经理的同意后清洁房间。

■ OOO房

（1）应将家具物件放好，如大工程应搬离现场，用报废床单铺盖好所有物件，将可拆下设施拆下，包好放置。

（2）应时时留意工程进度和房间状况与周围客人的反应，及时将情况报告上级和房务中心。

（3）工程完成后应撤掉盖布到后台区域抖干净、送洗，用吸尘机吸干净地面，恢复摆设，抹尘，检查设施、设备，完成后报至房务中心。

资料名称：茶具、杯具清洗消毒服务标准　　索引号：KF07

■ 准备工作

洗涤灵，氯铵T，消过毒的口布。

■ 清理杯子

清除房间撤出杯具中的杂物，倒掉水。

■ 洗刷、消毒

（1）在洗池溶液中将杯具洗刷干净。

（2）把干净的杯子放入浓度为3‰的氯铵T中浸泡5~8分钟。

（3）用清水将杯具冲洗干净。

■ 擦拭与存放

（1）不能用手直接接触杯具，用消毒口布垫手，将杯具擦干，放置于茶具柜。

（2）茶具柜每天应用3‰浓度的氯铵T擦拭，并更换垫巾。

（3）杯具要明亮、无油迹、无手印、无破损。

项目七　客房接待服务

[实训目标]

学员通过本项目的训练应了解客房接待服务的基本内容，掌握迎送宾客服务、贵宾服务、夜床服务、客房小酒吧服务、洗送客衣服务等各工作环节的操作方法与操作要领，为客人提供良好的服务。学员通过实训，应达到如下标准。

■ 能够以客房服务员身份迎送各类宾客。

■ 能够为VIP客人提供良好的客房服务。

■ 能够熟练完成夜床服务、客房小酒吧服务、洗送客衣服务等工作任务。

[资料索引]

学员要完成本项目的技能训练必须认真阅读如下资料。

序号	资料名称	索引号
1	迎送客人服务标准流程	KF08
2	客房部接待VIP标准流程	KF09
3	开夜床工作标准流程	KF10
4	住店客人洗衣工作标准流程	KF11
5	迎送客人服务标准	KF12
6	客房接待VIP服务标准	KF13
7	小酒吧服务标准	KF14
8	洗衣服务标准	KF15
9	开夜床服务标准	KF17
10	客房情况报告表	KF20
11	房态检查报告表	KF21

[实训准备]

1. 物品准备：需填写的各种表格。

2. 实训场地：楼层服务台，模拟客房。

[任务1] 迎送服务

贵客一行5人下榻本酒店，楼层服务台接到总台传来的通知单。作为楼层服务员，请你按照《迎送客人服务标准流程》和《迎送客人服务标准》（索引号KF08、KF12）完成如下任务。

1. 了解客情：包括接待标准、付费方式、活动日程以及客人基本情况等（可虚拟情境）。

2. 布置房间：按照VIP接待标准布置房间，调好室内温度。如果客人是晚上抵达，要做好夜床服务。

3. 迎客服务：面带微笑迎接客人；行李员带领客人进房后，立即送茶水和香巾到客人的房间；道别，把门轻轻关上。

4. 送客服务：提供叫醒服务，通知前厅行李组，热情送别，离店查房，做好离房记录（见《客房情况报告表》，索引号KF20）。

维多利亚酒店
Victoria Grand Hotel
★★★★

贵宾接待通知书

姓名	身份	到达日期	离店日期	陪同	房号

接待规格：

1. 迎送	□大堂副理	□部门经理	
	□副总经理	□总经理	
2. 入住	□总台登记	□客房登记	
	□陪同登记	□团体迎候	
3. 看望	□部门经理	□副总经理	□总经理
4. 鲜花	□花束	□花篮	
5. 水果	□果盘	□果篮	
6. 饮料	□一次性	□折扣	
	□全免	□每天	
7. 点心	□巧克力	□蛋糕	
8. 用车	□折扣	□全免	□专车
9. 用房	□折扣	□全免	□套房
10. 用餐	□标准收费____元	□优惠收费____%	
	□全免　早餐____元	中餐____元	晚餐____元
	□专座		

制表人：　　　　　　审批人：　　　　　　日期：

分送：□总经理　□前厅部　□餐饮部　□客房部　□保安部

[任务2] 夜床服务

客房晚间整理又称夜床服务，是酒店为宾客提供的一种寝前整理，旅游酒店一般都提供此项服务，客房晚间整理能体现酒店客房服务水平，使客人感到舒适温馨、有到家的感觉。夜床服务包括三项工作：房间整理、开夜床、卫生间整理。

具体操作步骤如下。

1. 备：将晚间服务需要换的茶具、需补充的客房服务用品、文具用品、低值易耗品、毛巾、清洁房间用的清洁剂、擦布备齐放在工作清洁车上，将倒垃圾用的大垃圾袋在车扶手上系好。

开夜床服务

2. 进：晚间整理服务通常在18：00左右开始进行。

（1）将清洁车推放在要进入房间的走廊对面；观察挂牌，当呈现“请勿打扰”时，不要再进入房间整理，并在晚间整理服务登记本上进行记录。

（2）敲门。以手指在门表层轻敲三响，间隔为半秒。

（3）等候和报名。站在门外中间位置，离门距离保持40厘米，目光平视开门线。敲门后5秒钟自报部门或工作职务名称。如客人答应，即可开门进入。

（4）开门。如无客人回音，用钥匙轻轻开启房门，同时重报工作职务；用清洁车挡住房门，以防止服务员清理房间时有非住客进入房间。

（5）敞开房门。将房门推到90度角，如客人此时在房间内，需礼貌询问“我可以为您做夜床吗？”如客人不在或客人表示可以，服务员方可进入房间。整理时要始终将门敞开。

3. 开：开启客房电源总开关，检查所有照明设备是否工作正常。

4. 拉：将窗帘慢慢拉上。

5. 倒：倒烟灰缸和纸篓。将烟灰缸内的烟头倒在指定的垃圾桶内，用水洗净烟灰缸，然后擦干、擦净。将纸篓内的垃圾倒入大垃圾袋内，一般不用更换塑料垃圾袋。

6. 擦：简单整理桌面，并用抹布擦拭一遍。

7. 添：更换用过的茶具，补充客房服务用品、文具用品。

8. 做：做夜床，也称开夜床。

（1）将床罩从床头拉下，整齐折叠好，放在规定的位置。

（2）将靠近床头一边的毛毯连同衬单（盖单）向外折成45度角，以方便客人就寝。

（3）拍松枕头并将其摆正。如有睡衣应叠好置于枕头上。

（4）按酒店规定在床头或枕头上放上鲜花、晚安卡、早晚牌或小礼品等。

（5）如一人住单床，则开有电话的床头柜一侧；如一人住双床，则一般开临近卫生间那张床的靠床头柜一侧；如二人住大床，则两侧都开。

（6）在开夜床折口处摆好拖鞋。

9. 整：整理卫生间。简单清洗脸盆、浴盆、恭桶，更换已用过的毛巾和口杯。检查并补充卫生纸、面纸和卫生间内其他卫生用品。如有防滑垫，应平放在浴盆的适当位置。将脚巾平放在靠浴盆一侧的正前方地面上，以便客人出浴后使用。

10. 关：检查一下所整理的房间有无工作遗漏之处，除床头灯、门灯开亮外，将其他所有灯熄灭。如客人在房间内，应向客人致以谢意，将房门轻轻带上后离开房间。如客人没在房间，将门锁好后应再检查一下是否确实已关好。

11. 填：填写《房间整理日报表》。

[任务3] 客人住店服务

学员每四人一组，分析和讨论下列问题（可选择），并形成书面答案要点。

1. 发现客人离店时有物品遗留在房间，怎么办?
2. 按正常程序敲门入房服务，发现客人刚好从床上起来，怎么办?
3. 客人将冰箱饮料饮用后从外面买回同一种饮料，但包装不同，怎么办?
4. 如果两间房同时挂着“请即打扫”牌，而此时只有一位服务员，怎么办?
5. 做房时发现房间里有大量现金露在外面，怎么办?
6. 发现客人整天在房间内不愿服务员整理房间，怎么办?
7. 遇到访客到楼层时，怎么办?

8. 遇到住客不愿见访客时，怎么办？
9. 如果访客带有客人签名的便条，但无房卡要进入客房取物品时，怎么办？
10. 遇到客人醉酒时，怎么办？
11. 发现房间地毯有客人丢弃的烟头烫洞，怎么办？
12. 如果客人长时间挂“请勿打扰”牌，怎么办？
13. 如果遇到闲杂人员在楼层走廊徘徊，怎么办？
14. 楼层遇到临时停电，怎么办？
15. 客人自称房卡忘在房间里，要求服务员为其开门，怎么办？
16. 客人要求换房，怎么办？
17. 客人要求在房间里开会，怎么办？
18. 楼层消防警报响起，刚好有团队入住，怎么办？
19. 发现客人在房间内争吵、打架，怎么办？
20. 整理房间时发现客房物品遗失，怎么办？

[任务4] 小酒吧服务

假设情境，检查客人是否用过小酒吧，如果用过，填写或核对清单；检查小酒吧的饮料和食品，进行及时的补充，具体要求如下。

1. 酒水申报

（1）续住客房：服务员在整理房间时核对客人已填写的酒水单，并将所消耗的酒水数量及名称报给前台收银，酒水单交房务中心。若住客未填则由服务员代为填写。若客人填写不正确，则应等客人到达时向客人说明，该房间所消耗的酒水等客人说明后再予以补齐。

（2）退客房：服务员接到退房通知后，应尽快对房间内的各项物品进行检查，如该房有饮用小酒吧酒水情况应立即按规定通知前台收银员，必须互通工号，同时在交接本上记录客人消费的物品种类及数量，由总台收银员填写吧单并入账。

态检查报告表》(参见资料KF20、KF21)。

1. 了解各种客房房态及其简写

房杰	简写	房态	简写
空房	VC	外宿	SO
离店房	VD	请勿打扰	DND
有客房	OC	反锁	DL
坏房	OOO	加床	EB
无行李	NB	客人拒绝服务	GRS
轻便行李	LB		

2. 核对房态并打印房态差异表

房态表由客房部每天12：00、18：00、22：30送交前厅。

好房由楼层领班报客房部，再由客房部定时报前厅待订。如电脑开通，由客房部在电脑中修改。

碰到坏房情况，客房部应立即通知前厅。

3. 通报相关人员

房态表出现问题时一般要通知大堂副理，由其进行统筹处理。

[学习资料包7] 客房接待服务

资料名称：迎送客人服务标准流程　　索引号：KF08

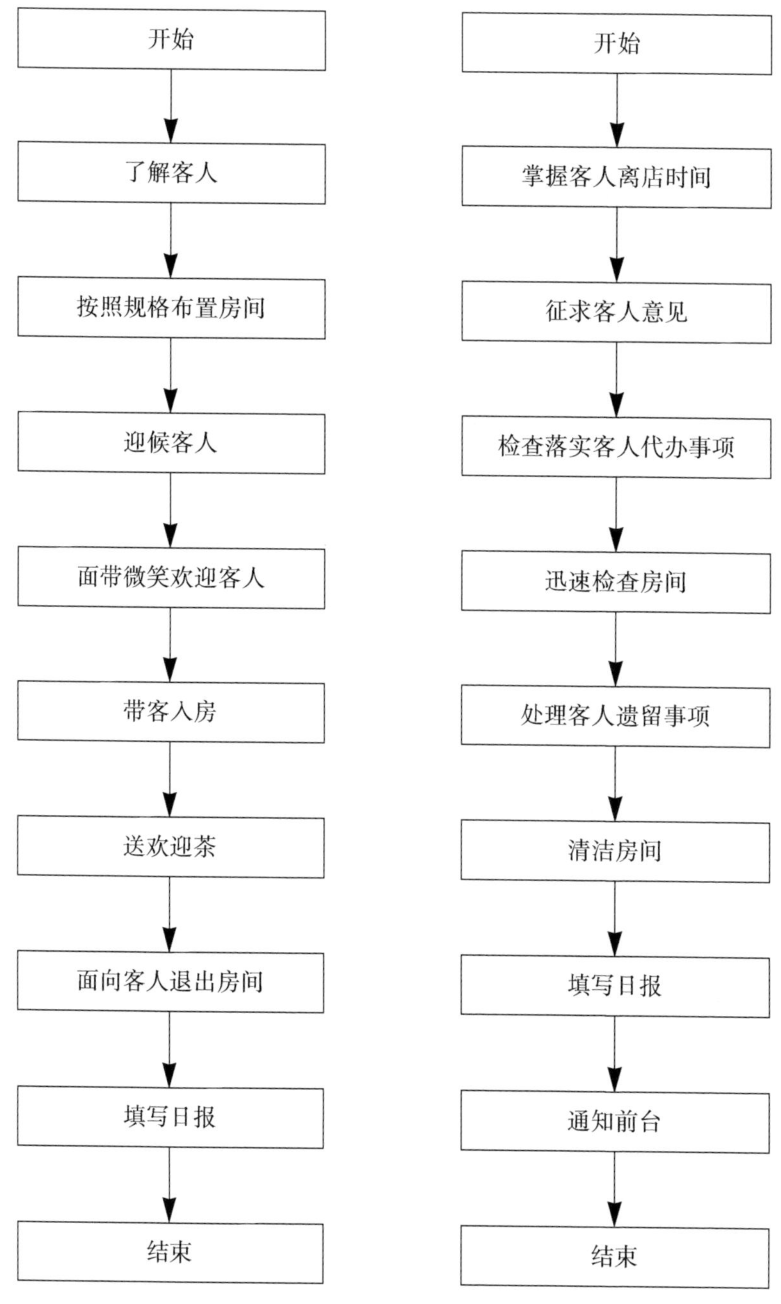

资料名称：客房部接待VIP标准流程 **索引号：KF09**

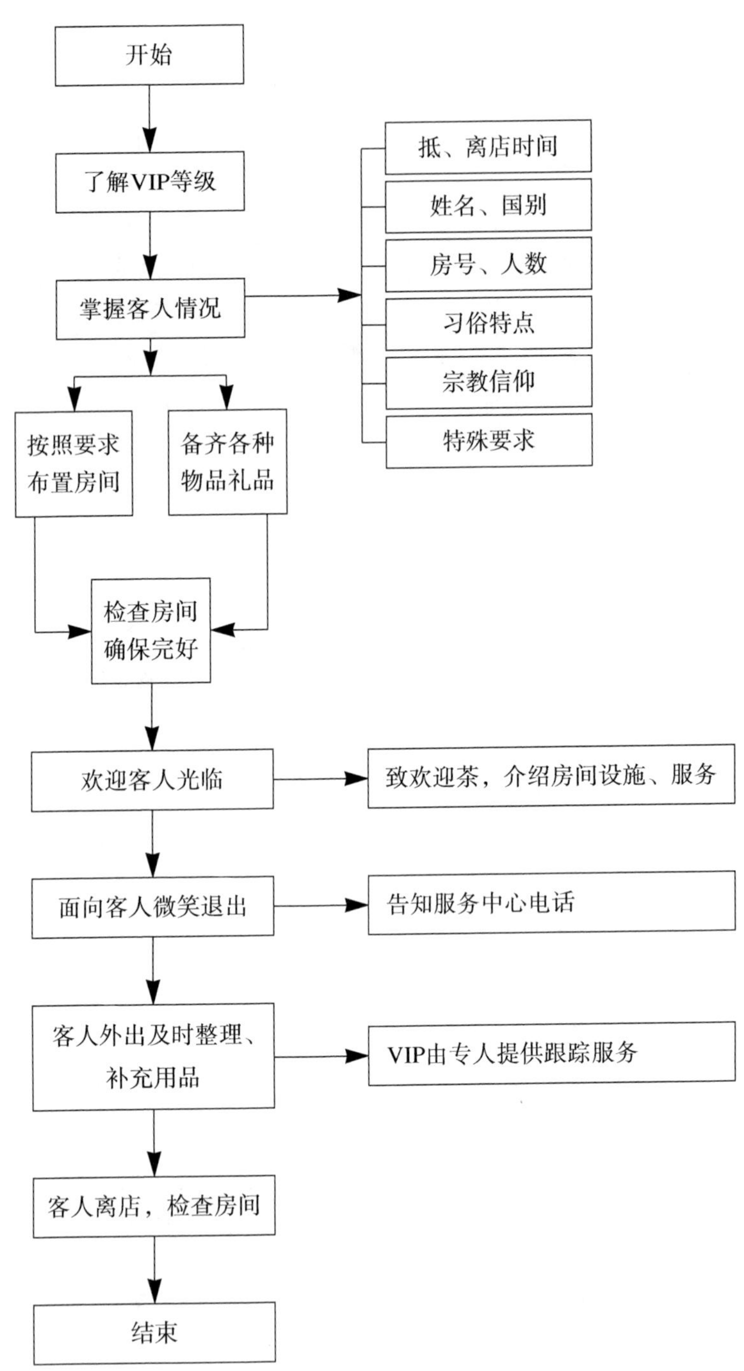

资料名称：开夜床工作标准流程　　　　索引号：KF10

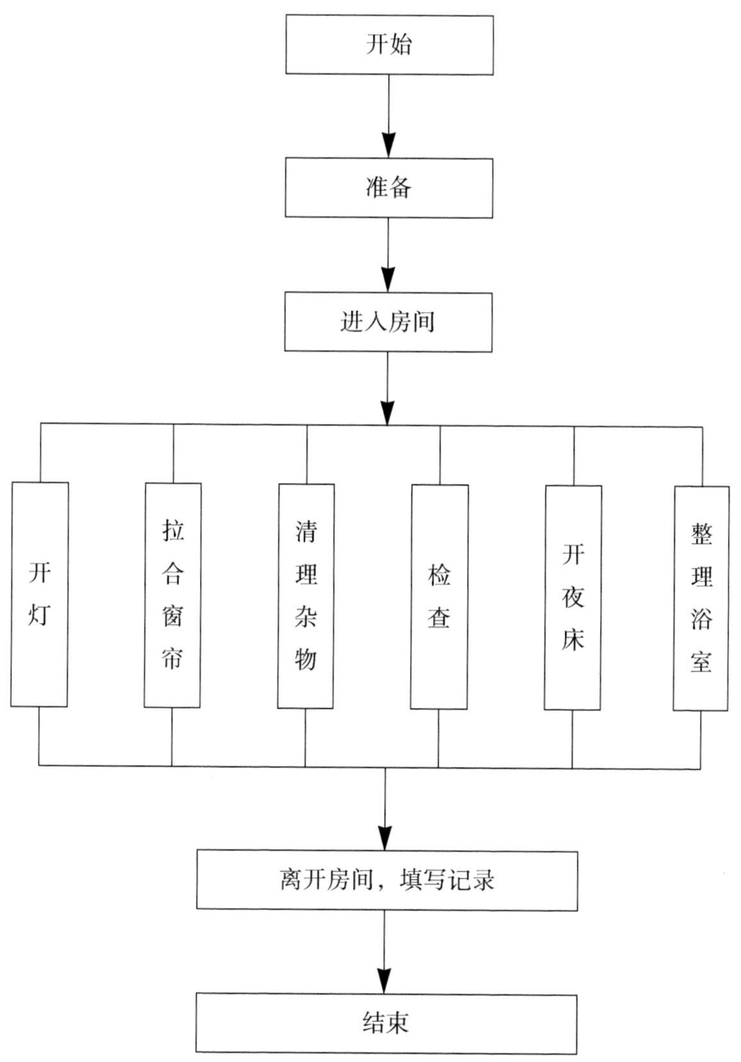

资料名称：住店客人洗衣工作标准流程　　　　索引号：KF11

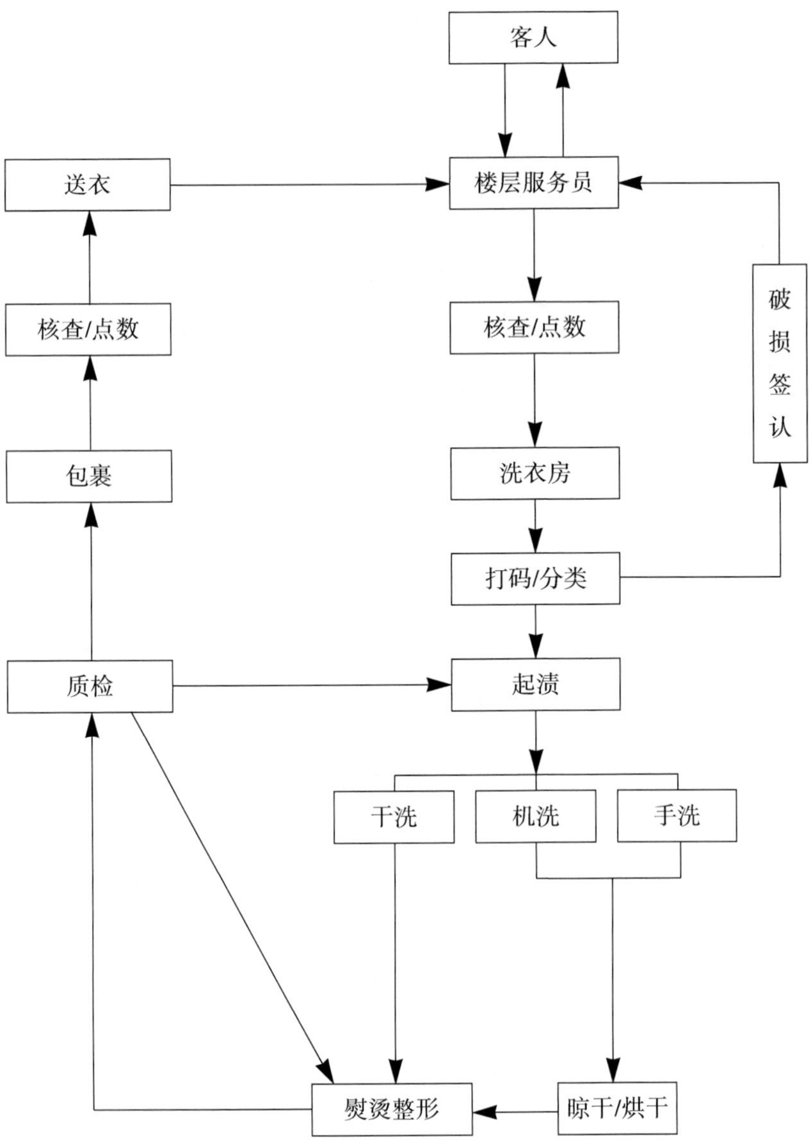

资料名称：迎送客人服务标准 **索引号：KF12**

■ 迎接客人

（1）了解客人的姓名、国籍、身份。

（2）按照不同规格布置房间。

（3）在指定的楼层（地点）迎候客人。

（4）站在服务处面带微笑，表示欢迎。

（5）带（待）客人进入房间，随后送入欢迎茶（面向客人退出）。

■ 代客开门

（1）服务员为没带钥匙的客人开门，先礼貌地请客人出示房号卡。

（2）如客人没有房号卡，应礼貌地向客人表示道歉，然后请客人到前台领取欢迎卡，办理开门手续。

（3）如客人已持有房号卡，应按如下程序逐一验证。

① 核对房号。

② 核对卡上的日期和时间。

③ 核对卡上有无住客姓名。

（4）如以上各项中有任何一项不符，应请客人稍候，用电话与前台查询核实。

（5）欢迎卡确认后，前台为客人开门。

（6）服务员在工作表上记录开门的情况。

■ 送别客人

（1）掌握客人离店的准确时间。

（2）检查代办的事项是否还有未完成的。

（3）征求即将离店客人的意见，并提醒客人检查自己的行李和物品，不要遗留物品在房间。

（4）客人走后迅速检查房间设备有无损坏，物品有无丢失，客人有无使用客房小酒吧内的食品，有无客人遗留物品，并在三分钟内报告前台收银处。

（5）处理客人委托或交办事项。

（6）客人离店后要迅速清洁（整理）房间，并通知前台。

（7）填写《客房情况日报表》。

资料名称：客房接待VIP服务标准 **索引号：KF13**

■ 准备工作

（1）了解VIP等级，熟记入住的VIP的姓名和国籍。

（2）掌握客人和陪同人员的姓名、抵离店时间、房号、习俗特点、宗教信仰和特殊要求。

（3）按VIP等级布置要求，通知绿化组和有关部门备齐各种物品及礼品：花篮（花束）、水果、化妆品、睡衣、高档拖鞋、印有客人姓名的信纸、信封及专用的套袋和酒店总经理名片及迎宾卡。

■ 布置房间

（1）检查房间内各种设备和设施，确保完好有效。

（2）全面清洁住房，保证整齐清洁。

（3）按照接待规格和要求布置客房。

■ 检查房间

服务员、主管、客房部经理、大堂经理检查布置好的VIP房，在客人到达前完成。

■ 服务工作

（1）提前10分钟开房门，有关人员在酒店大堂门口、大堂和楼层电梯厅迎候客人，在房间内向客人致欢迎茶；

（2）客人离开房间后，及时整理、更换、补充用品。

（3）特别重要的客人应设专职服务员24小时随时提供服务。

（4）客人离店时检查房间，发现遗留物品尽快送还。

资料名称：小酒吧服务标准 **索引号：KF14**

■ 检查时间

（1）走客房及时检查。

（2）住客房每日检查一次（清洁客房时）。

（3）空房要检查有无过期、变质的酒水和食品。

■ 签补程序

（1）酒单一式四联，由客人自己根据饮用数量填写。

（2）服务员做房时进行核点，无误后签字并输入电脑或送前台收银处。

（3）四联单据第一联与补充酒水一起派入房间，第二联和第三联交结账处作为发票和记账凭证，第四联作为楼层补充酒水、食品的凭证。

■ 摆放

按规定品种、数量、摆放位置码放酒水、佐酒食品、酒具、酒单。

资料名称：洗衣服务标准 **索引号：KF15**

■ 收取客衣

（1）在规定时间以前将交洗衣物从房间取出。

（2）如客人未填写洗衣单，将洗衣单放在洗衣袋上，不要收洗，留下服务通知单，提醒客人如果需要洗衣服务，请与房务中心联系；客人口头交待或房务中心通知收洗时，可以取出。

（3）挂在门口的交洗衣物要填写房号。

■ 检查登记

（1）交洗的客衣应检查是否有破损或是否有物品遗留在袋内。

（2）要与洗衣单所填写客人姓名、房号、件数、日期、时间进行核对，并做好登记。

（3）将交洗衣物集中放在指定地点，在规定时间点交给洗衣房。

（4）快洗或有特殊洗涤要求的衣物在洗衣单上做好标记，向洗衣房交待清楚。

■ 送还洗衣

（1）洗衣房送回的洗衣应与登记本仔细核对，点清件数。

（2）送衣进房时，按进房程序进房。

（3）交洗的客衣如有损缺或客人投诉，应查明情况，妥善处理。

资料名称：加床、擦鞋服务标准 **索引号：KF16**

■ 加床

（1）房务中心接到前台通知加床后，应做好记录并通知楼层服务员。

（2）楼层服务员将加床与配套毛毯、枕头、床单、床褥和一套客用品推至需加床的房门一侧，按规范按门铃或敲门三次（每次敲三下）并自报身份三次。

（3）客人开门或征得客人同意后进房将客用品摆放好或礼貌地询问客人如何摆放。

（4）若客人无要求，则按规程将床铺好。

（5）面向宾客礼貌道别并离房关上门。

（6）通知客房服务中心加床完毕。

■ 擦鞋

（1）将客人的皮鞋收到工作间，写好房号牌置于鞋内并做好记录，如客人没有特别要求，鞋应在3小时内擦好送回客房。

（2）擦鞋时要先铺上纸再剔除鞋面和鞋底的泥沙等，以免弄脏地面。

（3）根据鞋子质地和色泽选用合适的鞋油和鞋刷，擦好鞋后再用软布抛光。

（4）注意鞋边、鞋舌、鞋底要擦净，鞋内侧和鞋带不可弄脏。

（5）检查无误后送入相应客房。

（6）特别留意雨天的擦鞋服务。

资料名称：开夜床服务标准　　　　索引号：KF17

■ 准备工作

（1）检查工作车上的客用易耗品及工具是否齐全。

（2）准备好各类表格及VIP特殊用品。

■ 进入房间

（1）按进房程序进房，填写进房时间。

（2）如挂有“请勿打扰”牌，将服务通知单由门下塞入，并在表上登记。

（3）如客人在房间，征得客人同意后方可进房。

（4）如客人不需要服务，要做好记录。

■ 开灯

打开地灯、卫生间灯、壁灯和床头灯。

■ 拉窗帘

将白纱帘、遮光帘均拉严至窗户居中位置。

■ 清理杂物

（1）将散放在床上的客衣挂入衣柜内。

（2）检查后倒掉垃圾桶和烟灰缸内的垃圾并清理干净。

（3）将用过的杯具撤换。

（4）撤掉浴室已用过的各种棉织品。

■ 检查

（1）检查、调好电视机频道。

（2）检查各种灯具是否完好，如有损坏及时报修。

（3）检查文件夹内物品是否齐备。

■ 开夜床

（1）床罩叠好放入规定位置。

（2）翻开一侧的毛毯折成45度角。

① 散客房间在折角的毛毯上斜放早餐卡。

② VIP房间在早餐牌上加放一支玻璃纸包装的玫瑰花。

（3）在床头柜正中摆好晚安卡和巧克力。

（4）一位男宾开外侧的床，一位女宾开里侧的床。

（5）两人同性房间要顺开床。

（6）两人异性房间要对开床。

■ 整理浴室

（1）清洁客人用过的浴缸、面盆、恭桶和镜面。

（2）将浴帘拉至浴缸一半，把脚垫巾铺在靠浴缸的地面上。

（3）更换浴室内客人用过的“四套巾”。

（4）关上浴室门，将门虚掩。

■ 离开房间

（1）将浴室灯、壁灯、床头灯和地灯开亮。

（2）轻轻将门关上。

（3）填写出房时间。

资料名称：客房酒吧单　　索引号：KF18

迷你酒吧单（Mini-Bar）

请在数量栏内填上所用酒水的数目。

Please mark number of drink consumed in the consumption column.

存量（Stock）	项目（Description）	价目（Unit Price）	数量（Quantity）	金额（Amount）
2		RMB￥		
2		RMB￥		
2		RMB￥		
4		RMB￥		
2		RMB￥		
2		RMB￥		
2		RMB￥		
2		RMB￥		
2		RMB￥		
2		RMB￥		
2		RMB￥		
2		RMB￥		
2		RMB￥		
1		RMB￥		
	总数（Total）			
客房号码（Room No.）			客人签名（Guest's Signature）	

此单总数将会加入阁下账户之内。

The amount on this column will be added to your room account.

管房员（Room Attendant）________　　点核员（Checker）________

资料名称：客房部当值交班表　　　　索引号：KF19

客房部当值交班表

当班：　　　　　　　　姓名：　　　　　　日期：　　年　月　日

序号	当班事件记录	卫生/专项
		维修
		保养
		物品/遗留客衣
		服务/客情
	明天走房情况（团体名称及房号）	安全
	重点客及会议使用	纪律仪容
		备注

资料名称：客房情况报告表　　　　　　　　　　　　　　　　　　　索引号：KF20

客房情况报告表

楼层：　　　　　领班：　　　　　服务员：　　　　　日期：　　　　　时间：

<table>
<tr><th rowspan="2">房间</th><th rowspan="2">房间状况</th><th rowspan="2">人数</th><th colspan="2">服务时间</th><th rowspan="2">是否查房</th><th rowspan="2">备注</th><th rowspan="2">维修记录</th></tr>
<tr><th>进</th><th>出</th></tr>
<tr><td>01</td><td></td><td></td><td></td><td></td><td></td><td></td><td rowspan="7"></td></tr>
<tr><td>02</td><td></td><td></td><td></td><td></td><td></td><td></td></tr>
<tr><td>03</td><td></td><td></td><td></td><td></td><td></td><td></td></tr>
<tr><td>04</td><td></td><td></td><td></td><td></td><td></td><td></td></tr>
<tr><td>05</td><td></td><td></td><td></td><td></td><td></td><td></td></tr>
<tr><td>06</td><td></td><td></td><td></td><td></td><td></td><td></td></tr>
<tr><td>07</td><td></td><td></td><td></td><td></td><td></td><td></td></tr>
<tr><td>08</td><td></td><td></td><td></td><td></td><td></td><td></td><td rowspan="13">标记
空房　VC
离店房　VD
有客房　OC
坏房　OOO
无行李　NB
轻便行李　LB
外宿　SO
请勿打扰　DND
反锁　DL
加床　EB
客人拒绝服务　GRS</td></tr>
<tr><td>09</td><td></td><td></td><td></td><td></td><td></td><td></td></tr>
<tr><td>10</td><td></td><td></td><td></td><td></td><td></td><td></td></tr>
<tr><td>11</td><td></td><td></td><td></td><td></td><td></td><td></td></tr>
<tr><td>12</td><td></td><td></td><td></td><td></td><td></td><td></td></tr>
<tr><td>13</td><td></td><td></td><td></td><td></td><td></td><td></td></tr>
<tr><td>14</td><td></td><td></td><td></td><td></td><td></td><td></td></tr>
<tr><td>15</td><td></td><td></td><td></td><td></td><td></td><td></td></tr>
<tr><td>16</td><td></td><td></td><td></td><td></td><td></td><td></td></tr>
<tr><td>17</td><td></td><td></td><td></td><td></td><td></td><td></td></tr>
<tr><td>18</td><td></td><td></td><td></td><td></td><td></td><td></td></tr>
<tr><td>19</td><td></td><td></td><td></td><td></td><td></td><td></td></tr>
<tr><td>20</td><td></td><td></td><td></td><td></td><td></td><td></td></tr>
</table>

资料名称：房态检查报告表 索引号：KF21

房态检查报告表

楼层： 日期： 时间：

房号	重锁	请勿打扰	有客	外宿	离店	空房	待修	备注
1								
2								
3								
4								
5								
6								
7								
8								
9								
10								
11								
12								
13								
14								
15								
16								
17								
18								

检查员：__________

资料名称：客房报表　　　　索引号：KF22

客房报表

楼层　　　　　　　　　　　　　　　　　　　　日期

房号	住房	空房	入住	客外宿	行李数量	走客房	故障房	再次入住			夜床服务时间	备注
								住客	时间	行李		

项目八　客房设施用品管理

[实训目标]

学员通过本项目的训练，应了解客房设施、设备、用品管理的基本内容，掌握客房设施、设备清洁保养技术，掌握客房用品管理与控制方面的技能。通过实训，应达到如下标准。

- 能够对客房电器及其他设备进行常规性的保养。
- 能够正确使用清洁工具对客房设施进行清洁、维护。
- 能够以部门主管身份，对客房布件和日用品的消耗实行定额管理。

[资料索引]

学员要完成本项目的技能训练必须认真阅读如下资料。

序号	资料名称	索引号
1	房务中心服务标准	KF22
2	布草收发服务标准	KF24
3	房间的日常维修、保养标准	KF25
4	××酒店客房部布草管理制度	KF26
5	××酒店易耗品管理制度	KF28

[实训准备]

1. 实训场地：客房。

2. 物品准备：电话、客房电器、报修单。

[任务1] 设备检查与报修

客房设备包括家具、洁具、电器及一些配套用品等。请按如下程序进行设备检查与报修实训。

1. 模拟客人提出电视、冰箱、空调或者卫生间设施出现故障。

2. 服务员为客人解说设备正确的使用方法。

3. 检查设备状况。

4. 模拟故障，填写《设备报修单》（索引号KF30）并与有关部门联系解决。

[任务2] 客房设施、设备的养护

根据以下专题进行分组讨论，每组1~2个专题，最终形成书面材料——《××使用与保养规程》(如:《客房电器设备使用与保养规程》)。

(1) 门窗的保养。

(2) 墙面的保养。

(3) 地毯的清洁与保养。

(4) 电器设备的保养。

(5) 卫生设施及设备的保养。

(6) 木器家具的保养。

(7) 织物的保养。

[任务3] 客房布件管理

按照[项目一　客房预订服务]中所提供的东海市维多利亚酒店的客房数量(共240间，参见表1-1客房价格表)，完成下列任务。

1. 确定该酒店客房的床单配备量。

提示：星级酒店床单的配备量一般为每床4套(西式床每套4张)，客房(用)、楼层布件房(备)、洗衣房(洗)、客房中心库房(新)各一套。可按客房出租率100%的需求量配备。

2. 确定床单的年度损耗率。

提示：棉质床单的耐洗次数约为300次，可按六成新即240次洗涤寿命计算。计算公式为：

每条床单每年洗涤次数=360天÷换洗床单套数(3套)

每条床单的可用年限=洗涤寿命(240次)÷每年洗涤次数

年度损耗率=1÷可用年限×100%

3. 如果该酒店的客房出租率为75%，确定其床单的年度消耗定额(即每年可消耗的床单数)。

[任务4] 客房布件的盘点

根据[任务3]提供的客房数量，对本酒店客房布件进行虚拟盘点，并填写《布件盘点表》(见表8-1)。

表8-1 布件盘点表

日期：

项目	客房内	楼层布草房	洗衣房	中心仓库	上次盘点	本月投放量	总计	报废	应存数	实存数	盘盈	盘亏	备注
床单													
枕套													
面巾													
方巾													
浴巾													
地巾													
浴袍													
小毛巾													

[任务5] 客房日用品管理

客房日用品是每天按客房物品的配备标准进行配备的，但并不是所有日用品都于当天消耗掉，可能有部分日用品被全部消耗，而部分日用品可能没有消耗或没有全部消耗。所以，在实际工作中，客房部管理人员要注意观看和查验，根据日用品消耗情况的统计资料，掌握各种日用品的消耗标准。

请参考本项目学习资料，完成如下任务。

1. 以客房服务员身份，按每天规定数量和品种为客房配备和添补日用品，并在服务员工作表上登记。
2. 以楼层领班身份，汇总本楼层当天消耗用品的数量，填写主要日用品的耗用统计表，并向客房部汇报。
3. 以客房部经理身份，按照75%的客房出租率，计算本酒店茶叶、牙具的年度消耗定额。

计算公式提示：

$A=B\cdot x\cdot f\cdot 365$

其中，A为单项日用品的年度消耗定额；B为每间客房每天配备数量；x为客房数；f为年平均出租率。

4. 统计某一楼层客房一个月的茶叶消耗量。
5. 通过角色扮演，模拟管理程序，申领和发放客房日用品。

[学习资料包8]客房设施用品管理

资料名称：房务中心服务标准　　　　　　　　　　　　索引号：KF22

房务中心服务标准

1. 传递信息

（1）用礼貌、清晰的中、英文接听客人电话并做好记录，及时反馈客人的服务要求和有关部门的业务信息。

（2）若有听不懂的电话，应请客人稍候，并速派服务员去房间询问。

（3）对客人提出的要求，要准确、及时地用电话通知楼层并不断督促，直至办妥。

（4）若电话繁忙，可呼叫领班转告服务员完成。

（5）每日上午9时、下午3时、晚上10时，按楼层查房报告核对并修正电脑内的客房使用状况资料，确保其准确性。

（6）记下亟待出租但尚未打扫的房间以便提醒并督促服务员打扫。

（7）督促楼层服务员及时打扫当日的走客房间。

（8）将当日的VIP房、维修房及其他客情电脑资料整理报经理和总监。

（9）熟悉客情，记清当日进、离店团队的接待要求和规格。

（10）若有VIP进房，应通知并督促有关人员做好准备工作。

（11）及时通知工程部各楼层的维修项目，并做好记录，开维修单。

（12）对有关方面来的通知、报表要及时整理，有不明之处要立即核实，并通知有关人员。

2. 收发钥匙

（1）从房务中心领用钥匙时，必须详细填写领用时间、钥匙号码、领用数量和领用人。

（2）钥匙归还时，必须填写钥匙使用说明、归还时间、归还人，并核实、验收钥匙。

（3）房务中心人员发放和收回钥匙时均应签名。

3. 客房服务用品的领用和收回

（1）每周日根据存量、一周消耗量及仓库最高存量开出领货单，经领班签字后交给仓库领货并登记。

（2）每天上午根据楼层领班统计的数字，向楼层发放每日楼层需补充的物品并由楼层签收。

（3）如有特殊情况，所需用品可以从领班掌握的备用物品中领取。

（4）每月底配合财务部、采购部对仓库进行盘点。

（5）部分物品须以旧换新，如家具蜡、机油、擦铜油、玻璃清洁剂、板刷、拖把、扫帚、橡胶手套等。

（6）月底根据各物品的单价算出各楼层全月物品消耗的总金额。

（7）用上述总金额除以各楼层全月打扫客房数，分别得出各楼层当月每天每间客房的平均消耗费用。

4. 借用物品

（1）借用物品：吹风机、变压器、熨斗、熨斗板、加热器、接线板、万能插头、花瓶、婴儿床、床板、热水袋、电脑连接线、指甲刀、尺、剪刀、订书器、涂改液、胶水、胶带、橡皮、复写纸。

（2）借用时间：吹风机、熨斗为两小时，其他借用物品在客人离店前收回。

5. 借出物品

（1）接到客人借用物品通知后，迅速填写好《借用物品单》。

（2）将《借用物品单》和所借物品一同放入托盘送到房间（标准为5分钟）。

（3）请客人在《借用物品单》上签字后，一联交给客人，一联交总台收银处，一联留存送回办公室。

（4）做好记录和交接，及时收回借出物品。

（5）在借用物品时，要根据所借物品的性能认真进行检查，保证所借物品使用正常，对一些特殊物品要向客人介绍使用方法和性能。

6. 收取物品

（1）从房间收取客人借用物品时，应在借用物品单一联接收人处签收，以证明客人确已归还。

（2）应认真记录客人所借的物品，如有损坏或丢失应在办公室登记本上记录清楚原因；当客人将借用物品带走及损坏时，服务员应将此单交给主管，由主管与前台收银处联系，向客人索赔。

（3）服务员到前台收银处查客人消费的酒水时，应检查办公室登记本上是否有客人所借用的物品，如有应立即检查（夜班服务员应将离店团队客人所借的物品及房号抄写在预计离店表上）。

7. 遗留物品

（1）服务员发现有客人遗留贵重物品，应立即打电话通知客房服务中心。若是散客，客房服务中心应立即与前台联系设法找到客人；若是团队客人，客房服务中心与团队联系，若找不到失主，服务员应立即把遗留物品送交客房服务中心。

（2）客人遗留的一般物品送交服务中心后，由服务员填写《客人遗留物品单》，清楚地填写此物品的房号、位置、名称、数量、规格、质地、颜色、形状、成色、拾物的日期及拾物者姓名，由客房服务中心负责登记。

（3）钱币及贵重物品在中心登记后，客房部经理进行再登记，然后交秘书保管。

（4）一般物品整理好后与遗留物品单一并装入遗留物品袋，将袋口封好，在袋的后面写上当日日期，存遗留物品室内。

（5）失主认领遗留物品时，客房服务中心要验明认领人的证件，由认领人在遗留物品登记本上写明工作单位并签名，领取贵重物品须留下领取人身份证的复印件，并通知大堂经理到现场监督、签字，以备核查。

（6）若客人打电话来寻找遗留物品，客房服务中心需问清情况并积极查询，若遗留物品与客人的描述相符合，则要问清客人来取的时间；若客人不立即来取，则把该物品转放入待取柜中，并在中心记录本上逐日交班，直到客人来取为止。

（7）若认领遗留物品的客人在前台等候，工作人员要将遗留物品送至前台。

（8）若客人遗留物品经多方寻找仍无下落，客房服务中心应立即向经理汇报。

资料名称：客房物品设备的种类与管理任务 **索引号：KF23**

■ 客房物品与设备的种类

（1）电器和机械设备。

（2）家具设备。

（3）清洁设备。

（4）房内客用品。

（5）房内装饰品。

■ 客房物品与设备管理的任务

（1）编制客房物品与设备采购计划。

（2）制定客房物品与设备管理制度。

（3）做好物品与设备日常管理和使用的工作。

（4）对现有设备进行更新和改造。

资料名称：布草收发服务标准 **索引号：KF24**

布草收发服务标准

■ 接收布草

（1）布草要按颜色、种类分别收发。

（2）接收布草时要清点数量，并检查布草内是否有杂物。如有杂物应要求送洗涤部门清理干净。

（3）接收特殊洗涤物品和重点洗涤物品必须做记录，并做好标记和交接记录。

■ 发放布草

（1）发放布草时，按本部实点数量发放，特殊和重点洗涤物品按记录具体数目发放。

（2）发放布草时要把好质量关，做到“四不发”，即破损的不发，洗不干净的不发，烫不平的不发，有异味的不发。

■ 注意事项

（1）布草收发完毕，要求对方办理登记、签收手续。

（2）客房布草每天直接送到楼层，并办理签收手续。

资料名称：房间的日常维修、保养标准 **索引号：KF25**

房间的日常维修、保养标准

■ 日常维修、保养

（1）建立相关制度要求

① 建立责任制度，实行专人负责。

② 制定保养周期和质量要求。

（2）客房设备的逐级检查

① 客房服务员和领班每天检查电器设备及家具。

② 主管、经理进行抽查。

③ 相关人员配合工程部定期对房间设备进行检查。

■ 设施、设备的维修处理

（1）小维修

① 客房服务员和领班应具备基本维修知识和技能。

② 设施、设备出现问题后相关负责人应与工程部联系修理。

（2）大维修

① 服务员发现故障通知领班，领班查实后通知客房部经理。

② 客房部、前厅部、工程部经理共同检查确认是大维修项目后封闭房间，不再出租。

③ 如有客人在住，及时重新安排维修时间。

资料名称：××酒店客房部布草管理制度　　　　索引号：KF26

客房部布草管理制度

为了防止布草流失，使布草管理责任明确，特作出以下几点规定。

1. 对布草进行分类存贮保管，整齐合理，存取方便。
2. 各楼层备足当天的所需干净布草，并由各班组负责。
3. 每天将脏布草分发至各楼层，分别交予布草房点收，并填写各楼层的收取单，双方认可后签名生效。
4. 每天卫生班完成工作后，凭布草房开出的收取单，到库房领干净布草补充，双方确认数量后签名生效，收取与领用布草应遵循一个原则：以脏布草数换干净布草数。
5. 若需超额领用（例如加床），须填写领料单，报领班批准。若库房欠发，应填写欠条并登记，以便查找。
6. 将有破损、污迹的布草退回库房，分类存放并登记。
7. 每月26日对布草进行盘点，要求领班参加，对盘存结果进行分析，若发现有短缺现象应对责任人做出处理。

资料名称：××酒店客房棋牌管理制度　　　　索引号：KF27

客房棋牌管理制度

1. 楼层服务员在接到服务中心电话或客人要求时，做好记录，并立即与棋牌室人员进行联系，在短时间内做好服务准备工作。
2. 对要求在房间内打牌的客人，及时与总台进行联系，在确认同意后方可把棋牌送进房，若不可，则要耐心向客人解释，并请客人到棋牌室消费。

3. 棋牌室的收费标准，按酒店规定的标准执行，及时将单据及现金交至总台签字，并通知服务中心进行登记，第一联楼层保存，第二联总台留存，第三、四联送至客房库管员处。
4. 对客人预留的桌位，随时观察，注意保留情况。
5. 客人消费完后，应及时清点整理棋牌，查看有无遗失现象，做到每消费一次盘点一次，及时补上缺损的物品。
6. 酒店其他部门要借物品，应让其打好借条，并保管好单据，每月盘点前请其归还。

资料名称：××酒店易耗品管理制度 **索引号：KF28**

客房易耗品管理制度

为了合理控制成本，特对易耗品的使用作出以下几点规定。

1. 每天根据各楼层住客情况，按标准耗量发放当天所需易耗品，并进行登记，以便统计。
2. 若需超额领用，应说明原因，经领班同意后方可填写领料单，凭领料单到库房领用。
3. 每天由夜班领班对当天易耗品消耗情况进行统计并记录，发现不合理消耗立即查找原因，并提出处理意见。
4. 每月对各楼层易耗品消耗数量进行统计，评出控制成本最好的班组与最差的班组，对最好的班组提出表扬并予以奖励，对最差的班组提出批评并找出原因，以便其在以后的工作中不断改进。

资料名称：客房设备报修单　　　　索引号：KF29

报修单

报修日期：　　　　　　　　　　时间：

地点：

请修理：

1.

2.

3.

部门：________　　部门主管：________　　报修人：________

工程部填写：

维修日期：　　　　　　　　　　时间：

备注/材料：

审查人：　　　　　　　　　　此项工作已完成（Yes）

　　　　　　　　　　　　　　此项工作未完成（No）

审查日期：　　　　　　　　　审查时间：

当值工程师签名：

资料名称：日常消耗品申领单 索引号：KF30

日常消耗品申领单

楼层： 日期：

	申领数	实发数		申领数	实发数
普通信笺			垃圾袋		
航空信笺			门把		
普通信封			浴帽		
明信片			浴液		
便笺纸			大香皂		
宾客意见书			小香皂		
住客预订表			火柴		
小酒吧账簿卡			（下列为服务员使用的清洁用品）		
圆珠笔					
抹布			拖把		
服务指南			空气清洁器		
菜单			除虫剂		
房内用膳菜单			鞋刷		
干洗单			鞋油（黑色）		
湿洗单			鞋油（棕色）		
洗衣袋			鞋油（棕黄色）		
卫生袋			鞋油（自然色）		

申领者： 发放者：

项目九　客房安全管理

［实训目标］

学员通过本项目的训练，应掌握客房安全管理的技能，保证酒店客人生命财产的安全，并达到如下标准。

■ 能够实施客房内的安全管理。

■ 能够对客房走道的安全实施管理。

■ 能够实施客房火灾预防措施。

■ 能够处理客房紧急事故。

［资料索引］

学员要完成本项目的技能训练必须认真阅读如下资料。

序号	资料名称	索引号
1	客房钥匙管理标准	KF31
2	××酒店客房部钥匙管理制度	KF32
3	××酒店客房部楼层防盗管理制度	KF33
4	××酒店客人丢失财物处理预案	KF35
5	××酒店客房部消防管理制度	KF36
6	特殊情况与紧急情况的处理方法	KF37
7	酒店治安案件应急措施	KF38

［实训准备］

1. 实训场地：客房、楼层服务台、总台。

2. 物品准备：各种不同类型的客房钥匙；酒店消防器材；楼层监控系统；酒店安全管理制度汇编。

［任务1］钥匙的领取、使用与管理

1. 钥匙识别：识别各种不同类型钥匙的功能，并掌握其使用方法。

酒店钥匙分为：万能钥匙、客房总匙、楼层主匙、客房钥匙和公众钥匙五种。

万能钥匙（King Key）——可打开酒店内所有客房的门锁，并且能够实施客房双重锁和能够打开客房双重锁，此钥匙由总经理（驻店经理）及值班经理（大堂经理）保管（财务总监保管一把封存备用），便于总经理检查客房，值班经理在紧急情况下方能使用此万能钥匙。

客房总匙（Rooms Master Key）——可打开酒店内所有客房的门锁，但不能打开双重锁及实施双重锁，由客房经理保管使用，便于检查各房间的工作。

楼层主匙（Floor Master Key）——只能打开一层楼所有客房的门锁，由楼层领班保管使用，便于检查房间状况和清洁卫生，楼层各班服务员在整理客房、开床时用，客人丢失、忘带钥匙时为客人开门用。

客房钥匙（Room Key）——是住店客人在住宿期间使用的钥匙，由接待处（问讯处）保管。

公众钥匙（Publio Areas Key）——是各营业场所每日使用的工作钥匙，亦是公众清洁及领班安排非营业时间清洁营业场所时开门使用。应统一保管在前台收银处的专门钥匙箱内，只有指定人员方可领用。领用人签名之后将名单保存在前台收银处，便于登记查核。

2. 钥匙收发

模拟不同岗位角色，按以下钥匙收发要求演习。

（1）住客来拿取钥匙时要热情迎接，向客人问候，能主动、准确地将钥匙拿给客人。

（2）对于你不认识、不熟悉的客人来拿钥匙时，应该有礼貌地询问客人的姓名，然后与住客名单仔细核对，确认准确无误后，方可交给客人钥匙。如有疑问，应查清客人身份后再给客人钥匙。

（3）非住店客人若要取用客房钥匙，一定要有住客的书面授权或书面证明，非住店客人如有特殊情况必须进入客人房间时，一定要有大堂副理及保安人员陪同。

（4）注意与前台收银、大堂副理、团体领队及陪同保持联系，提醒离店客人归还钥匙。

（5）钥匙从客人手中收回时，应放入钥匙格内，以免乱放而丢失，将钥匙放入钥匙格时一定要看清楚房号，不要放错，以免引起工作不便。

（6）如发现钥匙遗失，当班职员必须在房间控制表上的相应位置注明“钥匙遗失”的标记，同时还应填写钥匙遗失报告，报告的内容除证实该客房钥匙遗失外，还应填写遗失的原因，以便前厅部管理人员可以从遗失的客房钥匙数量及遗失的原因中，发现管理上的不完善，以便采取改进措施。

［任务2］客房及走道安全管理训练

1. 参观某一酒店的客房安全设施、电视监视系统。装备有闭路电视监视系统的酒店，在每个楼层上都装有摄像头，对客房走道上的人员进行监视，可请客房部人员或安保部人员对监视系统进行讲解。
2. 进行安全巡视演练。

［任务3］火灾应急处理

学员分别扮演不同角色，模拟一次火灾事故处理，包括查找火源、电话报警、扑救、疏导宾客等。按照以下应急预案演练。

××酒店火灾应急疏散预案

一、人员分工

A组：负责使用各种灭火器材扑救初起火灾。

B组：负责向“119”和单位内部报警。

C组：负责引导客人和无关人员疏散。

二、实施方法和程序

发生火灾后，在场工作人员要按照各自分工迅速分头行动，做到灭火、报警、引导人员疏散三同步。

1. 报警

无论任何时候一旦发现火情或发现有烟、异味及不寻常的热度，发现人立即通过呼喊通知在场其他工作人员，在场人员立即分头行动。

报警人要迅速跑向电话处（或用手机），立即拨打119，电话接通后要沉着、冷静，准确说清起火单位（部位）的名称和详细地址、燃烧物质、火势大小、有无人员被困的情况，并仔细听对方询问，并冷静回答。打完电话后，要迅速跑向主要交通路口引导消防车进入现场。

其他报警人员要迅速向单位内部人员报警，争取支援。

2. 灭火行动

负责灭火的人员要迅速切断电源，并分别跑向灭火器、消防栓的放置点，使用灭火器的人提灭火器到火源3~5米处对准着火点覆盖灭火；使用消防栓的人铺开水带，接上水枪，打开消火栓喷水灭火。

3. 疏散

引导疏散人员要分头逐个房间通知客人，并有人在疏散通道和安全出口处引导人员有秩序地安全疏散。不能同时疏散的，要按着火层——着火层的上一层——着火层的下一层顺序疏散（针对多楼层的场所）。

三、灭火器材的使用

1. 喷淋装置

（1）喷淋灭火系统主要用于A类火灾，洒水面积一般为10平方米左右。

（2）总控制室显示板上显示喷洒区域并同时报警。

2. 消防栓

（1）消防栓装置主要是用水来扑灭火灾，一般不能扑救易燃液体和电力起火的火灾。

（2）打开消防栓柜，卸下出水口的堵头，安上消防栓接扣，接上消防水带，注意接口要衔接牢固。

（3）将水带甩开，注意水带不要拧花和打结。

（4）拧开阀门，水即从水带输送到火场。

（5）使用完毕后，应先关阀门，然后再把水带分解开，卸下接扣，把堵头装好。

（6）消防水带每次使用后要冲洗干净，晒干卷好，定期检查，如发现漏水要及时修好。

3. 便携式（二氧化碳）灭火器

（1）主要用来扑救易燃液体和电力起火。

（2）手动开启式（鸭嘴式）：使用时先拔去保险销，一手握住喷筒把手，对准着火物，另一手把鸭舌往下压，二氧化碳即由喇叭口喷出，不用时将手放松即行关闭。

（3）螺旋开启式（手轮式）：在使用时先将铅封去掉，一手握住喷筒把手，对准着火物，另一手将手轮沿逆时针方向旋转开启，二氧化碳气体即行喷出。

4. 干粉灭火器

使用时拔出保险销，一手拿着喷嘴胶管，另一手握住提把，拉起提环，粉雾即行喷出。

5. 泡沫灭火器

距离着火点10米左右即可将筒体颠倒过来，一只手紧握提环，另一只手扶住筒体的底圈，将射流对准燃烧物。

[任务4] 案例讨论：紧急情况的处理

假设情境，针对以下紧急情况展开讨论，并将讨论结果写成书面报告。

（1）客人丢失现金或物品。

（2）客人伤病。

（3）停电事故。

（4）台风或暴风雨（雪）。

[学习资料包9] 客房安全管理

资料名称：客房钥匙管理标准　　　　**索引号：KF31**

■　领取

1. 建立签字领取制度，楼层领班和夜班主管上班前到房务中心领取楼层分段万能钥匙卡及楼层万能钥匙，下班前交回。
2. 楼层领班、夜班主管和服务员的钥匙交接必须严格执行签字交接制度。
3. 分段万能钥匙由服务员做房间时使用，楼层万能钥匙及锁死钥匙由领班掌管。

■　使用管理

1. 钥匙使用严格按照操作规程进行，发现故障或异常情况及时报告上级。
2. 领班在客人结账后，立即使用锁死钥匙封门，使原客人钥匙功能失效。
3. 万能钥匙专人专用，随身携带，禁止乱扔乱放或交与他人代管。
4. 服务员在使用万能钥匙时，应按正确时间填写进出房时间表。

■　门锁IC卡种类及功能说明

1. 应急卡：能开全部门锁及反锁。
2. 总控卡：能开全部门锁，不能开反锁。
3. 服务员卡：能开指定楼层全部门锁，不能开反锁。
4. 挂失卡：将遗失损坏的卡（包括各种类的卡）挂失，使其失去开锁功能。

■ 房间门锁机械匙及IC卡种类与持有人名单

1. 机械匙由总经理或总经理助理保管。
2. 应急卡：由客房部经理和值班经理各持一张（值班经理的卡存放于前台，使用时到前台申领，并做好交接填写领用时间、退还时间）。
3. 总控卡：由楼层主管和领班各持一张。
4. 服务员卡：由各楼层当班服务员持有，各楼层一张（注：总控卡和服务员卡的管理由客房部具体制定）。
5. 客人卡：由前台接待处当班员工负责收发和保管。
6. 挂失卡：由前台接待处当班员工负责挂失（只限客人卡操作）。

■ 房间门锁IC卡种类与操作权限

1. 应急卡、总控卡、服务员卡由电脑管理员负责制作和挂失。
2. 客人卡的收发与挂失由前台接待员负责。
3. 如果在住房间反锁，发生特殊情况需要进房处理时，楼层管理人员必须通知客房部经理（客房部经理不在时，通知值班经理）和保安员，利用应急卡开锁，并由双方做好相关记录。
4. 当所有卡类均不能开锁时，由客房部经理通知总经理或总经理助理用机械匙打开。
5. 备用的空白IC卡由客房部经理保管。
6. 遗失或损坏IC卡应赔偿。
7. 客房房间门锁日常维护及维修工作由工程部负责。
8. 门锁有关软件由电脑管理员负责管理。

资料名称：××酒店客房部钥匙管理制度　　索引号：KF32

（一）磁卡钥匙的管理

1. 磁卡钥匙的保管

（1）小区域卡（2张），由服务中心值班员保管。

（2）楼层卡4张，由楼层服务员保管。

（3）部门卫生卡16张，由服务中心值班员保管。

2. 磁卡钥匙的制作

（1）部门所有工作卡由主管和服务中心送卡制作，制作原则根据工作时间情况确定各种钥匙卡的有效时间和期限，负责制卡的人员必须登记造册，做到有案可查，收、发或遗失钥匙卡必须有领用人签字。制卡人员有义务做好上述内容的存档工作。

（2）小区域卡、楼层卡、部门卫生卡的有效期均为一个月，即每月为员工制作一次工作卡。

3. 磁卡钥匙的领、还制度

（1）每月由主管在制卡人处领取一次员工工作卡，原则上用旧卡换新卡即用失效卡换有效卡并按规定完成相关手续。

（2）员工工作卡的保管由客房服务中心工作人员负责。

（3）领、还程序

每月由主管在服务中心领回新卡发给工作人员并做好记录。

每日服务中心工作人员根据客情及领班工作安排发放磁卡钥匙给领班，领班必须配合服务中心完成此项工作，双方均要一丝不苟地做好钥匙管理的登记记录，领班一旦领出钥匙，必须承担钥匙的管理工作，做到谨慎小心。

如果钥匙发生意外丢失，务必在一小时内通知部门经理重新制卡，以防盗窃事故发生，如果不按规定执行，经理将对领班给予严重处罚；如果发生事故，领班将承担一切事故责任。

4. 安全制度

房间有意外情况时不应直接开门，先报告发生了意外情况并立即通报服务中心，通知有关人员立即制卡。

（二）金属钥匙的管理

1. 金属钥匙在服务台存放。

2. 金属钥匙的领、还制度原则

各存放点发放钥匙必须做好钥匙领、还管理的登记记录，拒绝执行者或不认真执行者予以严重警告处罚。

发放程序：卫生班工作人员的钥匙由领班负责发放收回；楼面服务台钥匙由领班负责协助交接。

资料名称：××酒店客房部楼层防盗管理制度　　　　索引号：KF33

1. 楼层台班员要坚守岗位，掌握客人出入情况，坚持来访登记和会客制度。

2. 跟房查房时如有急事离开，不得将门虚掩，而要锁好。

3. 严格管理好楼层钥匙，取还钥匙要有准确的登记。
4. 对陌生人上楼层要提高警惕，非住客不能任其在楼层逗留。
5. 不得带无关人员上楼层。
6. 楼层服务员下班后不得穿便装上楼层进客房。
7. 清洁员打扫房间时应打开房门，将工作车挡在门口，随时察看走廊上有无可疑人员，随时倾听门口的动静，发现可疑情况立即报告保安人员。
8. 客人丢失物品时，管理人员首先应安慰并问清物品的名称、特征，丢失的时间、地点，及时报告客房部及保安部，并帮助客人回忆物品可能丢失的地点。要保护好丢失物品的现场，切不可自作主张或进客人房间翻找，而应在客人目睹的情况下查找，或由保安员协助查找。

资料名称：客房部楼层巡视注意事项 **索引号：KF34**

1. 注意楼层是否有闲杂人员。
2. 注意是否有烟火隐患、消防器材是否正常。
3. 注意门、窗是否已上锁，如发现某客房的门虚掩，可敲门询问，如客人在房内，要提醒其注意关好房门；如客人不在房内，可进房检查是否有不正常的现象。
4. 注意房内是否有异常声响及其他情况。
5. 注意设备、设施是否损坏。
6. 注意提醒客人离房时锁门。

资料名称：××酒店客人丢失财物处理预案 **索引号：KF35**

1. 服务人员得知客人丢失财物应立即向客房部经理报告，由客房部经理通知保安部。
2. 保安部接到通知后，迅速到客房部处理并注意如下问题。

（1）携带访问记录纸、照相机、手电、手套等用具。

（2）认真听取失主对丢失财物过程各个细节的说明，详细询问丢失物品的特征。

（3）通知有关部门的领导并留下与丢失物品有关的人员。

（4）客人明确要求向公安机关“110”报案或丢失财物数额较大的，保安部应立即报告公安机关，同时保护现场。

（5）在公安人员未到达现场前不许任何人进出，不许移动、拿走或放入任何物品，发生在公共场所的，要划出保护区域进行控制。

3. 失主不要求报公安机关或公安机关未出现场时，保安部随同失主和客房部经理迅速赶赴现场。

（1）到达现场后，首先查看现场是否遭到破坏，如现场完好，立即进行拍照。

（2）认真听取失主对现场情况的陈述和失主物品被翻动的情况，注意有无嫌疑人员遗留或抛弃的物品，以及可能留下指纹的纸张、杯子等。

（3）如发现有可疑物品，要戴好手套或用干净的软纸小心提取，然后放入干净的塑料袋以备技术鉴定用。

（4）如需提取客人物品做鉴定，必须征得客人同意。

4. 做好访问笔录

（1）首先查验失主身份证件，如果是境外客人，应核对所失物品在海关申报单上是否有登记，注意登记的数量、种类、型号等是否相符。

（2）详细记录以下情况

① 失主姓名、年龄、性别、国籍、职业、职务，来店、离店日期，离店后去向等。

② 丢失物品的准确时间，最后见到所失物品的时间。

③ 丢失物品的准确地点、位置。

④ 丢失物品的名称、种类、型号、数量、特征、新旧程度、特殊标记、有无保险等。

⑤ 丢失前是否有人来过房间，如是否有亲朋探望，打扫房间，工程维修，洗、送衣物等情况。失主有无怀疑的具体对象、怀疑的根据等。

⑥ 失主有何要求，如开具丢失证明或要求酒店赔偿等。

5. 对现场进行仔细检查

（1）床上床下；衣柜、床头柜、酒柜、电视柜里外；沙发、窗帘、冰箱、浴室、浴室顶棚等都要查到。

（2）委婉征得客人同意后，检查其箱、包、行李。

（3）楼道里的垃圾桶、服务车、工作室、安全梯等有关部位也要检查。

6. 进行调查和处理

（1）与涉及案件人员谈话，了解案发时的情况，摸排出重点人。

① 了解涉及案件人员接触现场的时间、工作程序，所处的位置、现场

状态的回忆等情况。

② 了解接触现场的人员谁先进入、谁先离开等情况。

（2）对丢失物品时当班的服务员逐一谈话，如下班，立即将其从家中找回；涉及两人以上的要分别隔离谈话并注意保密。

（3）对排查出的重点人员要尽快取证，做到情节清楚、准确无误。

（4）调查处理要摆事实、讲道理、重证据。

（5）搞清问题后要将情况向部门领导汇报，经酒店领导批准后方可处理。

资料名称：××饭店客房部消防管理制度 **索引号：KF36**

（1）服务人员要熟悉住店客人的情况，要勤看、勤听、勤检查，善于发现存在的火灾隐患。注意饮酒过量和吸烟的客人，发现异常情况立即汇报。

（2）在日常打扫客房卫生时，要把烟灰缸内没有熄灭的烟头用水浸湿，然后再倒入垃圾袋内，不能将未熄的烟头直接倒入垃圾袋内。

（3）客房内应禁止使用电炉、电饭锅、煤油炉、电熨斗等危险用具，要在《宾客注意事项》中注明客房内禁止使用这些用具的事项。如发现客人使用此类危险用品，要立即阻止，并报告有关部门处理。

（4）要及时清理本楼层和客人房间内的易燃物品，如不用的报刊杂志、废纸木箱等。

（5）因工作需要所使用的吸尘器、洗地毯机等电器设备发生故障时，不得私自处理，应通知工程部维修。

（6）每日打扫卫生时注意检查房间内的电器、电线和插头等，如有短路、漏电、超负荷用电、线头脱露等现象，应及时采取措施并上报有关部门。

（7）各楼层过道、楼梯、安全疏散通道不准堆放各种物品，确保通路顺畅。

（8）客房内所有的装饰材料应尽可能地采用非燃烧材料或难燃烧材料。如地毯、床罩、灯罩、窗帘等尽可能使用阻燃材料。

（9）卫生间内要控制安装插座，如必须安装，应尽可能远离淋浴喷头。

（10）要通过各种形式（可设置标志明显的告示牌）向客人宣传：不要躺在床上吸烟；烟头和火柴棒不得乱扔；入睡前或离开房间时要关闭房间内的电器开关。

（11）在客人离开房间后，工作人员要认真检查房内有无火灾隐患等不安全因素。

资料名称：特殊情况与紧急情况的处理方法　　索引号：KF37

1. 客人伤病的处理

由于酒店配备专业医护人员的数量极少，所以应选择合适的客房部员工接受有关急救知识及技术的专业训练。在遇到客人伤病的时候，这些员工要能协助专业医护人员或独立地对伤病客人进行急救。酒店还应备有急救箱，箱内应装备有急救时所必需的医药用品与器材。

任何员工在任何场合发现有伤病的客人应立即报告，尤其是客房部的服务员及管理人员在工作中，应随时注意是否有伤病客人。对直到中午十二点仍挂有“请勿打扰”牌房间的客人，要通过电话进行询问。电话总机也要注意伤病客人来电求助。

接到有伤病客人的报告，客房部管理人员应立即与专业医护人员或受过专业训练的员工赶到现场，实施急救处理。如伤病情况不严重，经急救处理后，安排医生来出诊或送客人去医院作仔细检查及治疗。如果伤病情况严重要在进行急救处理的同时，安排急救车将伤病客人送到医院去治疗，绝不可延误时间。

事后应由客房部写出客人伤病事故的报告，列明病由、病状及处理方法和结果。该报告除呈报酒店总经理室外，还应存档备查。

2. 醉酒客人的处理

醉酒客人的破坏性较大，轻则行为失态大吵大闹，随地呕吐，重则危及其生命或损坏客房设备与家具，酿成更大的事故。客房服务员遇上醉客时，头脑应保持冷静。根据醉酒客人不同的种类及特征，分别处理。对轻微醉酒的客人，应适时劝导，安置其回房休息。对严重醉酒的客人，则应协助保安人员将其稳定下来，以免扰乱其他客人或伤害自己。在安置醉酒客人回房休息后，客房服务员要特别注意其房内的动静，以免客房的设备及家具受到损坏或因其吸烟而发生火灾。

3. 遇到自然灾害时的处理

威胁酒店安全的自然灾害有水灾、地震、台风、龙卷风、暴风雪等。当酒店受到自然灾害的侵袭时，处理程序如下。

（1）确认受灾范围：当水灾、雷击、暴风、地震等自然灾害发生后，消防中心应马上确认受灾范围，并通知大堂副理、值班经理组织各部门值班人员对部门辖区内的受灾情况进行清查。

（2）消防中心告知总机通知总经理及突发事件应急处置小组其他成员赶到消防中心，成立救灾指挥部，指挥各部门人员消除灾害，恢复经营。

（3）采取应急措施，防止因自然灾害引发重大安全事故。

①各部门应对辖区内的电、气、油进行清查，防止出现泄漏引发火灾，发现存在隐患时应通知工程部立即采取措施，严防自然灾害引发火灾。一旦出现火警，立即按“火警紧急操作流程”处理。

②因自然灾害导致设施、设备严重受损时，若存在安全隐患，如幕墙或顶棚玻璃坠落、屋顶水池漏水等，应立即对可能出现安全事故的区域进行封锁，禁止车辆、行人通行；工程部安排紧急抢修，排除二次灾害隐患。

（4）出现紧急情况，若需疏散人员，由救灾指挥部确定疏散路线并组织疏散。

（5）事故报告：各部门在受灾清查、处理结束后，把情况汇总到救灾指挥部（消防中心），由突发事件应急处置小组出具事故报告。

4. 停电事故的处理

停电事故可能是由外部供电系统引起，也可能是酒店内部供电发生故障。停电事故发生的可能性比火灾及自然灾害要大。因此，对有100间以上客房的酒店来说，应配备紧急供电装置。该装置能在停电后立即自行起动供电。这是对付停电事故最理想的办法。在没有紧急供电装置的酒店，客房部应设计一个周全的安全计划来应付停电事故，其内容如下。

（1）向客人及员工说明这是停电事故，保证所有员工平静地留守在各自的工作岗位上，客人平静地留在各自的客房里。

（2）用手电照明公共场所，帮助滞留在走廊及电梯中的客人转移到安全的地方。

（3）在停电期间，注意安全保卫，加强客房走道的巡视，防止有人趁机行窃。

5. 食品卫生中毒事件应急措施

（1）在酒店内发现有人中毒，无论是误服还是故意服毒，均应立即报警，并向总经理汇报。

（2）由大堂副理拨打急救中心电话“120”呼救，等待医务人员救援。

（3）经警方同意后查看中毒者的证件和物品，由警方通知中毒者的单位或亲友。

（4）保护中毒者所在的现场，不要让任何人触摸有毒或可疑有毒的物品（如：药物、容器、饮品及食物、呕吐物等）。

（5）前厅部在大堂车道上安排好车位以便警车和救护车停放或移动。

（6）将中毒者的私人物品登记、保管或按警方要求交给警方，并签收。

（7）安保部将有关资料（警车、救护车车号；到达及离开的时间、警方负责人姓名等资料）登记备案。

（8）发现投毒者或可疑人员时立即将其控制，交警方处理。

（9）如果客人是在酒店用餐，除做好以上工作外，还应把客人用餐的菜肴和餐具及残渣封存，交由警方化验、鉴定。

资料名称：酒店治安案件应急措施 **索引号：KF38**

1. 抢劫案件应急措施

（1）当酒店发生抢劫案件时，如劫匪持有武器（指枪械），在场员工应避免与匪徒发生正面冲突，以免造成不必要的伤亡。要保持镇静，观察匪徒的面貌、身型、衣着、发型及口音等特征，绝不可草率行事，如监控中心发现酒店内发生劫案，应立即告知部门经理或总值班员，并向110报警。

（2）如劫匪乘车逃离现场，应记下其车牌号码、车辆颜色、车辆款式、劫匪人数。同时，可以乘出租车或其他交通工具跟踪并用通信工具向110报告方位和地点，以便警方组织力量设卡拦截。在跟踪的过程中要注意隐蔽，以确保自身安全。

（3）保护好现场。劫匪遗留的凶器、作案工具等不要用手触摸，划出警戒范围，不要让无关人员进入现场。

（4）如现场在公共场所而无法将劫匪留下的证物留在原处的，应逐一收拾起来用塑料袋装好并用记号标注位置，交给警方处理。

（5）配合公安机关访问目击群众，收集发生劫案的情况。同时，公安人员未勘查现场或未处理完毕之前，相关人员不要离开。

（6）在场人员不可向媒体或无关人员透露任何消息，不准拍摄照片。

（7）如有伤者，要立即送往医院救治，并报告公安机关。

2. 绑架人质案件应急措施

（1）当酒店发生人质绑架案件时，服务人员应立即向部门经理、总值班员和安保部报告。

（2）接报后应急处置小组须第一时间报警。

（3）在警方到达之前应封锁消息，严禁向无关人员透露现场情况，以免引起客人惊慌和群众围观，导致劫匪铤而走险，危害人质安全。

（4）尽量满足劫匪的一些合理要求，如送水、送食物，以稳定劫匪的情绪。

（5）安保、工程人员在附近待命，以便配合公安人员的行动，并划出警戒范围。同时，疏散劫匪所在房间上下、左右房的客人，以防劫匪带有爆炸危险物品。

（6）及时收集、准备好客房的登记入住、监控录像、工程图纸等资料，提供给警方。

3. 斗殴案件应急措施

（1）当酒店内发生斗殴事件时，管理人员应立即制止、劝阻及劝散围观人群。

（2）如双方不听劝阻，事态继续发展，场面有难以控制的趋势时，管理人员应迅速报告公安机关及通知酒店相关部门管理人员迅速采取措施防止事态扩大。

（3）如酒店物品有损坏，保安人员应将斗殴者截留，要求赔偿。如有伤者则予以急救后交警方处理。现场须保持原状以便警方勘查，保安人员要协助警方辩认滋事者。

（4）如斗殴者乘车逃离，应记下车牌号码、车辆颜色、车型及斗殴人数，提供给警方。

（5）安保员协助警方勘查打斗现场，收缴各种打架斗殴工具。

4. 凶杀、自然死亡、坠楼案件应急措施

（1）当酒店内发生凶杀案时，服务人员应立即向总经理、部门经理、总值班员和安保部报告。

（2）接报人员须第一时间报警并立即成立应急处置小组，应急处置小组须有效协助警方开展工作，在最短时间内清理现场。

（3）安保员协助警方勘查现场，尽快运走尸体、清理现场。

（4）安保部、综合管理部配合警方做好善后处理工作。

5. 恐怖活动案件应急措施

（1）有爆炸可疑物

① 酒店内发现爆炸可疑物时，须第一时间报告安保部。

② 安保部接到报告后应立即勘查现场，但不得轻易碰触可疑物，在无法确认可疑物品时，应马上报警，并划出警戒区，禁止无关人员接近。

③ 安保部请总机通知突发事件处置小组成员协助警方开展工作。

④ 监控中心按可疑物外形通过监控录像查找嫌疑人，收集相关资料交警方处理。

⑤ 安保部、综合管理部配合警方做好善后处理工作。

（2）爆炸恐吓电话

① 当酒店接到爆炸恐吓电话时，接听人员应尽量获取尽可能多的来电信息，并在接听过程中录音。

② 电话挂断后，接听人员须立即向部门经理、总经理和安保部汇报，不得对外散布任何消息。

③ 总经理视情况果断报警。

④ 安保部可以从相关部门抽调人员经警方现场培训后协助警方对全酒店非重点范围进行可疑物搜索。

⑤ 应急处置小组应防止肇事者在酒店公共场所散布不满和制造恐慌。

⑥ 如发生意外有人员受伤时，综合管理部负责组织人员抢救，房务部负责人员疏散、引导。

⑦ 如事件现场涉及到电器和机械设备，工程部须配合警方工作。

⑧ 安保部收集电话录音等相关资料移交警方处理，并跟踪案件处理结果。

项目十　客房劳动管理

［实训目标］

学员通过本项目的训练，能够胜任客房部领班、经理等管理岗位，掌握客房劳动管理的基本内容，并达到如下标准。

- 能够通过查房检查员工劳动效果。
- 能够组织员工召开班前会。
- 能够确定员工劳动定额。
- 能够进行员工配备及业务培训。

［资料索引］

完成本项目的技能训练，你必须认真阅读如下资料。

序号	资料名称	索引号
1	客房领班查房程序	KF39
2	××酒店客房部班前会会议计划	KF40
3	客房部定员定编与劳动定额的确定	KF41
4	××酒店客房部员工培训计划	KF42

［任务1］领班查房

领班查房是服务员自查后的检查关口，是对客房服务员劳动效果的具体检验，酒店一般将客房是否合格、能否出租的决定权授予楼层领班。

领班检查服务员清扫的客房，并填写领班查房表（见表10-1）。查房要点如下。

1. 眼看到的地方无污迹。

2. 手摸到的地方无灰尘。

3. 设备用品无病毒。

4. 空气清新无异味。

5. 房间卫生达“十无”。

（1）天花板及墙角无蜘蛛网。

（2）地毯（地面）干净无杂物。

（3）楼面整洁无害虫。

（4）玻璃、灯具明亮无积尘。

（5）布草洁白无破损。

（6）茶具、杯具消毒无痕迹。

（7）铜器、银器光亮无锈迹。

（8）家具设备整洁无残缺。

（9）墙纸干净无污迹。

（10）卫生间清洁无异味。

表10-1　领班查房表

楼层：　　房号：　　服务员：　　领班：　　检查时间：

	项目	清洁状况	性能		项目	清洁状况	性能
房间卫生	门				门		
	窗户				天花板		
	窗帘				墙面		
	天花板				地面		
	墙面				灯具		
	地面				面盆、台面		
	家具				浴缸、淋浴、喷头、浴帘		
	床铺				马桶		
	灯具				电话副机		
	酒具				镜子		
	电器				不锈钢配件		
	镜子				吹风机		
	饮具				体重秤		
	文具夹				客用品		
	印刷品				换气扇		
	垃圾桶						
	其他						

计划卫生：	维修项目：	备注：

［任务2］楼层领班班前会

楼层领班主要是督导客房服务员及楼层杂工的工作，并负责所管辖楼层员工的工作安排和调配。楼层领班班前会对于其管辖区域的楼层服务工作有极其重要的指导作用。

请按以下内容模拟一次班前会。

1. 查看交班及有关通知。到办公室签到，领取所管辖区域内的锁匙和房态表，查看交班本并签名，认真阅看部门张贴的有关通知。
2. 检查服务员仪表、仪容。
3. 主持班前会，布置当日工作

（1）传达部门通知和文件。

（2）总结前一天的工作。

（3）发放锁匙和房态表。

［任务3］确定劳动定额

请你参考下列客房服务员生产率标准工作表，完成下列任务。

1. 测算清洁一个房间实际所用的时间。
2. 确定客房服务员一个班次（6小时）的劳动定额，即计算每人每天需清洁客房的数量，具体步骤如下。

客房服务员生产率标准工作表

第一步　根据部门工作目标，测定清洁一间客房所需要的时间为X分钟

第二步　确定每天全部工作时间为N分钟

第三步　测定清洁客房可用时间

全部工作时间	N分钟
减去：	
班前准备	a分钟
班间休息	b分钟
班后准备	c分钟

客房清洁时间$N-(a+b+c)=Y$分钟

第四步　第三步的结果除以第一步的结果，得出生产率的标准

$Y \div X=$每个班次清洁客房房间数

[任务4] 编制定员

某五星级饭店拥有客房500间（套），年平均出租率为80%，客房服务员分早、中两个班次，早班每个客房清扫员每天的劳动定额为12间，晚班为48间，员工出勤率一般为95%。该酒店实行每周5天工作制，除固定休息日外，还享受每年7天的有薪假期（11天的法定休假日正常排班，根据劳动法进行加班补偿）。

请采用劳动效率定员法为客房部确定客房服务员早、中两班的定员人数。

参考计算公式为：

$$\text{工作量}=\frac{\text{客房总数}\times\text{年平均出租率}}{\text{客房服务员劳动定额}\times\text{客房服务员平均年出勤天数}\div 365}$$

[任务5] 员工培训

准备教室、黑板、粉笔、多媒体演示设备等员工培训基本设备和用品，采用小组情境训练、角色演练等形式模拟员工培训。

具体内容如下。

1. 准备工作

（1）制订培训计划，编写培训教案。

（2）根据培训内容准备培训所需要的物品，如设备用品、客用品、清洁工具等。

（3）准备PPT、文具等。

2. 讲解

（1）培训目标明确，培训内容选择合适。

（2）培训者语言表达流畅、准确、熟练，使用普通话，声音响亮。

3. 示范与纠正

（1）对所培训的技能进行准确示范。

（2）对被培训者的操作进行点评，指出问题，并加以纠正。

4. 总结

总结被培训员工对培训技能掌握的情况，向被培训的员工布置作业或任务。

［学习资料包10］客房劳动管理

资料名称：客房领班查房程序 **索引号：KF39**

1. 查房的原因

（1）发现酒店房间物品配备及破损情况及时补充并维护。

（2）检查赠品及鲜花等相关物品的到位情况及出品质量。

（3）详查房间卫生状况，保证提供给客人的服务高标准、高要求。

（4）发现工作中的不足及时提高与改进。

（5）检查是否按有特殊要求客人的意愿进行房间处理（如无烟房、高楼层、撤酒水等）。

2. 查房的过程

（1）领取房间钥匙。

（2）到达房间按进门规范先按门铃并敲门三声。

（3）检查门匙开门状况，检查门边缘是否有积尘。

（4）进房后，按从衣柜为起点，卫生间为终点的巡查方式依次检查。

（5）检查衣柜物品：浴袍、各类衣架完好度及数量、洗衣袋、鞋抽、洗衣单是否被客人损坏或撕破，检查柜灯是否正常。

（6）检查保险箱柜使用是否正常，防毒面具是否完好，柜门是否能关紧。

（7）检查迷你吧：酒水是否齐全、标贴是否清晰无破损、酒水有无挥发迹象、口杯是否干净、咖啡餐具是否干净无水渍、冰桶是否完好并配有冰夹、热水瓶是否完好、茶叶配备是否齐全、皮托盘有无破损、有无配电热水壶、咖啡伴品是否配备齐全、冰柜状况是否良好、玻璃架上是否有积尘、迷你吧单是否整洁无涂鸦。

（8）检查行李架是否完好无划痕及破损，擦鞋篮物品是否齐全。

（9）检查电视机柜抽屉或柜门开关是否良好，电视节目单是否配备。

（10）检查书桌镜面是否干净，灯光有无问题，宣传夹有无破损，抽屉物品是否整齐完整，镜台灯是否正常。

（11）检查垃圾桶是否无破损、干净、摆放整齐。

（12）检查休息椅（沙发）是否清洁，有无配赠水果鲜花，窗台是否干净，绿色植物是否清新，烟灰缸是否干净并配有火柴，窗帘是否干净无破裂。

（13）检查立式衣架是否完好，落地灯是否正常、是否干净无尘。

（14）检查床是否干净整洁，灯控主机是否运行良好，皮夹是否配备、电话是否干净无渍、床头柜抽屉内有无禁烟牌和电话簿，灯光控制是否正常；壁画是否完好、是否干净无积尘。

（15）检查空调调节器是否干净无尘，空调通风口有无漏、渗水情况，有无噪音，调节器是否正常。

（16）检查进房灯、卫生间灯是否正常。

（17）检查卫生间镜面是否干净整洁，台面摆放是否有序，抽屉内一次性用品是否齐全，台面皂碟有无破损，花瓶中的花是否鲜活，面盆是否无破损、干净，不锈钢水龙头是否干净无污渍及水渍，恭桶是否正常，物品配备是否齐全，浴帘是否干净无渍，换气扇是否正常，是否地面无水，瓷砖是否干净无污渍，体重磅是否干净、摆放整齐，布草篮是否干净、摆放整齐，垃圾桶是否摆放适当，卫生纸配备是否充足，吹风设备是否正常。

（18）检查房间地毯毛质是否理顺，是否无污渍及明显的黑色烟洞。

（19）检查房门后防火示意图是否明了，反扣是否无问题，猫眼视觉是否良好。

3. 其他

（1）根据查房及客人预订资料进行房间再调整及物品的补给及撤出。

（2）未到位的物品在客人入店前准备妥当。

资料名称：××酒店客房部班前会会议计划　　　　索引号：KF40

议程1：英语学习

“每日一句”是客房部班前会的一个抽查项目。每天晚班文员都会在办公室的白板上写上一句酒店常用英语，要求员工必须掌握，在第二天的班前会上进行抽查。其目的是提高员工的英语水平，更好地为客人服务。

议程2：检查员工的仪容仪表

对仪容仪表不合格的员工提出批评指正。在办公室走廊的拐角处悬挂镜子，专门供员工整理仪容仪表。员工在上班前首先面对镜子整理仪容仪表，另外还备有口红、眉笔、指甲剪方便员工使用，酒店要求员工重视仪容仪表，把良好的精神风貌展现在客人面前。

议程3：布置与安排当日工作

具体包括：房间卫生清洁需注意的重点；对客服务的技巧；处理问题的方法；对客服务事项；临时性工作任务等。

资料名称：客房部定员定编与劳动定额的确定　　索引号：KF41

1. 编制定员的依据

酒店的通常作法是根据酒店客房数量确定定员编制，如按照1∶1.5的比例，一家有400间客房的酒店确定劳动编制定员为600人。其实，这种简单的计算方法不能完全说明问题，影响定员的因素有许多方面。因此客房部在具体编制定员时，要考虑多种影响定员的因素。

（1）规模与档次。

（2）管理模式与业务范围。

（3）员工素质水平。

（4）工作设施环境。

（5）劳动工具。

（6）工作量大小。

2. 编制定员的方法

常用方法有以下几种。

（1）历史分析法

历史分析法是通过部门历史在位人员数量、工作质量、工作量等历史数据，来确定编制定员的方法。

（2）现场观察法

现场观察法也称实况分析法，即通过现场观察、访谈来确定部门编制定员的方法。

（3）劳动效率定员法

劳动效率定员法是一种根据工作量、劳动效率、出勤率来计算定员的方法。主要适用于实行劳动定额管理、以手工操作为主的工种。其计算公式为：

定员人数=工作量/员工劳动效率×出勤率

（4）岗位定员法

岗位定员法是根据组织机构、服务设施等确定需要的工作岗位数量，再根据岗位职责及业务特点，各岗位的工作量、工作班次和出勤率来确定人员的方法。这种定编方法一般适用于酒店前厅部门、工程部和客房部的一些工作岗位，如门卫、行李员、值班电工、锅炉工、房务中心文员、布草收发员等。

（5）比例定员法

比例定员法是根据酒店的档次、规模按一定比例确定人员总量；同时，以某一类人员在全员总数的比例和数量，来计算另一类人员数量的方法。这一方法是由客房部某类人员与酒店不同岗位人员之间客观上存在的比例关系的规律决定的。如客房人员约占酒店总人数的30%，楼层客房服务员与楼层客房领班的比例约为1∶6。当然，这种比例关系在确定编制时只是一个相对的依据，因为每个酒店的实际情况不同，服务标准和管理目标也不同。

（6）职责定员法

职责定员法是指按既定的组织机构及其职责范围以及机构内部的岗位职责来确定人员的方法。它主要适用于确定管理人员的数量。

（7）设施、设备定员法

设施、设备定员法按设施、设备的数量，以及设备开动的班次和员工使用设施、设备的定额来计算定员人数的方法。客房卫生服务员定员的最主要依据就是客房设施的数量和状况，一般高星级酒店客房服务人员与客房数的比例为1∶5左右；酒店锅炉房、总机房和客房部的洗衣房等部门的岗位定员通常把设备的数量和状况作为定员的依据。

3. 劳动定额的制定

劳动定额是指在一定的生产技术和组织条件下，为生产一定数量的产品或完成一定量的工作所规定的劳动消耗量的标准。劳动定额是现代酒店经营管理的客观要求。酒店客房部制定的劳动定额是否科学合理，直接影响着客房部的有效组织与管理，影响着员工的工作效率。

（1）劳动定额的表现形式

劳动定额的基本表现形式有两种。

① 时间定额，即生产单位产品消耗的时间；如完成一间走客房的常规清洁工作需要40分钟。

② 产量定额或工作量定额：即单位时间内应当完成的合格产品的数量。如一个楼层领班一天（白班）需要对60间客房的清洁卫生质量进行检查；另外，还有一种看管定额，这是一个人或一组工人同时看管几台机器设备。客房部采用什么形式的劳动定额，要根据不同的工作类型和工作特点、工作组织的需要

来确定。

（2）制定劳动定额的方法

① 经验统计法

经验统计法包括两层含义：一是以本酒店历史上实际达到的指标为基础，结合现有的设备条件、经营管理水平、员工的思想及业务状况、所需要达到的工作标准等，预测工作效率可能提高的幅度，经过综合分析而制定定额；二是参照其他操作制定能够反映员工实际工作效率的定额，这种方法比较适合酒店工作的特点，但不够细致，定额有时会偏向平均化。

② 技术测定法

技术测定法是通过分析员工的操作技术，在挖掘潜力的基础上，对各部分工作所消耗的时间进行测定、计算、综合分析，从而制定定额。这种方法包括工作实践、测试、分析和计算等多个环节，操作比较复杂，但较为科学。需要注意的是，抽测的对象必须能够客观、真实地反映多数员工的实际水平，测试的手段和方法必须比较先进、科学。

资料名称：××酒店客房部员工培训计划　　　索引号：KF42

第1周

1. 楼层服务员的仪容仪表及礼仪礼貌。

2. 新员工对工作岗位的了解

（1）岗位职责。

（2）基本工作流程。

（3）楼层服务项目。

（4）应知应会及注意事项。

3. 楼层客房的种类、数量及大小。

4. 做床的规范要求和注意事项。

5. 房间客用品的配备及摆放标准。

6. 棉织品的配备及摆放标准。

7. 磁卡锁的使用。

8. 客房保险箱的使用。

9. 控制板的使用。

10. 电视的使用与调台。

11. 空调的使用。

12. 卫生间设备的使用。

13. 房间的报修范围及报修程序。

第2周

1. 学习ISO文件内容。

2. 楼层做房：空房、走客房、住客房。

3. 设备问题自检。

4. 卫生间的清扫及卫生标准。

5. 做房后合格的客房标准。

6. 客房内电器的安全使用及保养。

7. 客房内家具物品的摆放及保养。

8. 清洁卫生的重要性及注意事项。

9. 清洁卫生的时间（根据我店团队住店的规律，淡季时间段进行）。

10. 清洁卫生怎样达到考核标准。

11. 卫生、漏项如何检查。

12. 案例培训。

第3—7周　新员工实践操作

第8周　培训考核

附录A
前厅服务员国家职业标准（节录）

1　职业概况

1.1　职业名称

前厅服务员

1.2　职业定义

为宾客提供咨询、迎送、入住登记、结账等服务的人员。

1.3　职业等级

本职业共设三个等级，分别为：初级（国家职业资格五级）、中级（国家职业资格四级）、高级（国家职业资格三级）。

1.4　职业环境

室内、外，常温。

1.5　职业能力特征

具有良好的语言表达能力；能有效地进行交流，能获取、理解外界信息，进行分析判断并快速做出反应；能准确地运用数学运算；有良好的动作协调性；能迅速、准确、灵活地运用身体的眼、手、足及其他部位完成各项服务操作。

2　基本要求

2.1　职业道德

2.1.1　职业道德基本知识

2.1.2　职业守则

（1）热情友好，宾客至上。

（2）真诚公道，信誉第一。

（3）文明礼貌，优质服务。

（4）以客为尊，一视同仁。

（5）团结协作，顾全大局。

（6）遵纪守法，廉洁奉公。

（7）钻研业务，提高技能。

2.2　基础知识

2.2.1　计量知识

（1）法定计量单位及其换算知识。

（2）行业用计价单位的使用知识。

（3）常用计量器具的使用知识。

2.2.2　安全防范知识

（1）消防常识

（2）卫生防疫常识。

2.2.3　电脑使用知识

2.2.4　前厅主要设备知识

（1）钥匙架。

（2）打时机。

（3）电话机、传真机。

（4）贵重物品保管箱。

（5）客史档案柜。

（6）电脑终端。

（7）打印机。

（8）电子钥匙机（Card Reader）、钥匙卡

（9）邮资电子秤。

（10）账单架。

（11）客房状况显示架。

（12）预订状况显示架。

（13）住客资料查询架。

（14）行李寄存架。

（15）大、小行李车。

（16）雨伞架。

（17）轮椅。

（18）信用卡压卡机。

（19）验钞机。

（20）计算器。

（21）税务发票打印机。

（22）扫描仪。

（23）复印机。

2.2.5 相关法律、法规知识

（1）劳动法的相关知识。

（2）合同法的相关知识。

（3）消费者权益保护法的相关知识。

（4）治安管理处罚条例的相关知识。

（5）文物保护法的相关知识。

（6）外汇管理暂行条例的相关知识。

（7）旅馆业治安管理条例的相关知识。

（8）外国人入境出境法的相关知识。

（9）消防条例的相关知识。

3 工作要求

本标准对初级、中级、高级的技能要求依次递进，高级别包括低级别的要求。

3.1 初级（略）

3.2 中级

职业功能	工作内容	技能要求	相关知识
客房预订	接受和处理订房要求	1. 能善于使用语言表达技巧与客人交流 2. 能根据《客情预订总表》给出选择，并帮助客人做出选择 3. 能妥善处理婉拒的订房要求	1. 婉拒订房的处理方法 2. 语言表达技巧常识 3. 客人购物心理常识
	记录和储存预订资料	能选择适合本饭店运作的预订资料储存方式	两种不同的预订资料储存方式及其特点
	检查和控制预订	1. 能核查、处理、纠正《房情预订总表》中的错误 2. 能及时处理“等候名单”上的客人的订房	1.《预订单》的作用 2.《房情预订总表》的作用
	客人抵店前的准备工作	能提前一周填写（或打印）《一周客情预报表》、《贵宾接待规格审批表》、《派车通知单》、《房价折扣申请表》、《鲜花、水果篮通知单》，并分送给相关部门	1. 折扣房价的审批制度 2. 各类贵宾的接待规格及要求
	报表制作	能正确填写或输入预订处的其他各类报表	相关的报表填写要求及统计计算公式

（续表）

职业功能	工作内容	技能要求	相关知识
住宿登记	显示和控制客房状况	1. 能处理客人的换房要求 2. 能查找和更正客房状况的差错	1. 服务工作程序 2. 查找和更正客房状况差错的方法
	违约行为的处理	1. 能处理客人声称已办了订房手续，但饭店无法找到其订房资料的情况 2. 能处理客人抵店时（超过规定的保留时间）饭店为其保留的客房已出租给他人的情况	1. 为客人做转店处理的注意事项 2. 各类客人违约时的处理方法
公关与推销	把握客人的特点	能自然地与客人沟通，了解客人的愿望与要求	客我关系沟通技巧
	介绍产品	1. 能描述饭店各种类型客房的优点 2. 能引导顾客的购买兴趣	各种类型客房的优点
	洽谈价格	能根据客人特点正确使用报价方法	1. 高码讨价法 2. 利益引诱法 3. 三明治式报价法
	展示产品	1. 能主动将饭店宣传册、广告宣传资料和图片展示给客人 2. 能带客人实地参观，展现饭店优势	1. 产品介绍知识 2. 相关讲解知识及技巧
	促进交易	1. 能采用正面的说法称赞对方的选择 2. 能揣摩客人心理，适时抓住成交机会	客人购买行为常识
沟通与协调	部门内的沟通、协调	能做到前厅部内部信息渠道的畅通	前厅部内部沟通、协调的内容
	部门间的沟通、协调	1. 能与客房部做好沟通协调 2. 能与餐厅部做好沟通协调 3. 能与营销部做好沟通协调 4. 能与总经理做好沟通协调 5. 能与其他部门做好沟通协调	与客房部、餐饮部、营销部、总经理室及其他部门沟通协调的内容
	与客人的沟通协调	能妥善处理常见的客人投诉	1. 处理客人投诉的原则 2. 处理客人投诉的程序
	英语服务	能使用常用岗位英语会话	常用岗位英语

3.3 高级

职业功能	工作内容	技能要求	相关知识
客房预订	接受和处理订房要求	1. 能用英语通过电话或当面洽谈的方式了解和处理客人的订房要求 2. 能接受和处理“超额预订”	1. 常用旅游接待英语 2. “超额预订”的目的及处理方式
	记录和储存预订资料	1. 能设计制作《预订单》 2. 能设计制作适用于不同种类饭店的《房情预订表》	1.《预订单》的内容 2. 各种《房情预订总表》的适用范围及内容、形式
	检查和控制预订过程	1. 能设计制作《预订确认书》 2. 能控制“超额预订”的数量 3. 能调整预留房的数量 4. 能处理有特殊要求的订房事宜	1.《预订确认书》的内容 2. 预订未抵店、提前离店、延期离店、未预订直接抵店客人用房百分比的计算公式
	客人抵店前准备工作	能审核《一周客情预报表》、《贵宾接待规格审批表》、《鲜花、水果篮通知单》和《团队/会议接待单》	1. 相关表、单的内容及应用知识 2. 各类折扣房价的政策 3. 客情通知可采用的方式
	报表制作	能设计预订处使用的各类报表	预订处使用的各类报表的形式
住宿登记	为散客办理入住登记	能处理散客入住登记中常见的疑难问题	1. 外事接待礼仪 2. 住宿登记表的内容和形式 3. 前厅服务心理学
	违约行为处理	能处理客人已获得饭店书面确认或保证为其预订，但现在无法提供客房的情况	饭店违约时国际惯例的处理方法
	显示和控制客房状况	1. 能分析未出租客房造成损失的原因 2. 能提供营业潜力方面的建议	影响客房状况的原因及分析方法
问讯服务	查询服务	能为有保密要求的住客做好保密工作	提供住客保密服务的程序
	客用钥匙的控制	1. 能了解客人钥匙的丢失原因，并做好住客钥匙丢失后的工作 2. 能选择适用于本饭店的客用钥匙分发模式	1. 住客钥匙丢失后的处理方法 2. 各种客用钥匙分发模式的特点及利弊 3. 新型客房钥匙系统 4. 饭店钥匙管理体系

（续表）

职业功能	工作内容	技能要求	相关知识
行李服务	礼宾服务	1. 能随时为客人办理委托代办的服务 2. 善于倾听客人的意见，能应变和处理各种事件 3. 能与相关服务行业建立工作关系 4. 能为VIP客人（贵宾）提供迎送服务 5. 能为残疾客人提供迎送服务	1. 各服务性行业的有关规章 2. 国际礼仪规范
公关与推销	把握客人特点	能主动与客人沟通，判断客人身份、地位	消除客人心理紧张的方法
	介绍产品	1. 能描述给予客人的便利条件 2. 能正确引导客人购买	顾客消费需求常识
	洽谈价格	1. 能营造和谐的销售气氛 2. 能判断客人的支付能力，使客人接受较高价格的客房	影响客人购买行为的各种因素
	展示产品	能陈列、布置饭店产品宣传册、广告宣传资料架、图片	室内装饰美学常识
	促进交易	1. 能在客人犹豫时多提建议 2. 能掌握客人的购买决策过程，准确把握成交时机	客人购买决策过程常识
沟通与协调	部门内的沟通、协调	能制定前厅部内部需要沟通协调的内容及方式	
	部门间的沟通、协调	能制定前厅部与饭店其他各部门需要沟通协调的内容及方式	
	与客人沟通、协商	1. 能主动征求客人意见，并做好记录 2. 能正确处理客人的疑难投诉 3. 能定期对客人投诉意见进行统计、分析、归类 4. 能针对客人反映的问题提出（采取）改进措施	1. 投诉的类型 2. 处理涉及客人个人利益和影响面巨大的投诉的方法 3. 国际上和主要客源地的风土人情习俗

（续表）

职业功能	工作内容	技能要求	相关知识
	英语服务	1. 能用英语了解和处理客人的订房要求 2. 能用英语与客人沟通，办理散客入住 3. 能用英语提供查询服务 4. 能用英语提供旅游交通、康乐、购物、医疗等方面的信息 5. 能用英语办理客人离店结账手续	旅游接待英语
管理与培训	制定工作职责	1. 能制定前厅部各岗位的工作职责 2. 能检查、评估下属员工的工作表现	1. 前厅部组织机构设计原则 2. 大、中、小型饭店前厅部的组织机构图 3. 前厅部各岗位的工作职责 4. 检查、评估员工工作表现的方法
	业务指导	能够对前厅服务员进行业务指导培训	业务培训知识

附录B

客房服务员国家职业标准（节录）

1　职业概况

1.1　职业名称

客房服务员

1.2　职业定义

在饭店、宾馆、旅游客船等场所清洁和整理客房，并提供宾客迎送、住宿等服务的人员。

1.3　职业等级

本职业共设三个等级，分别为：初级（国家职业资格五级）、中级（国家职业资格四级）、高级（国家职业资格三级）。

1.4　职业环境

室内，常温。

1.5　职业能力特征

具有良好的语言表达能力；能获取、理解外界信息，进行分析、判断并快速做出反应；有一定的计算能力；有良好的工作协调性，能迅速、准确、灵活地完成各项服务操作。

2　基本要求

2.1　职业道德

2.1.1　职业道德基本知识

2.1.2　职业守则

（1）热情友好，宾客至上。

（2）真诚公道，信誉第一。

（3）文明礼貌，优质服务。

（4）以客为尊，一视同仁。

（5）团结协作，顾全大局。

（6）遵纪守法，廉洁奉公。

（7）钻研业务，提高技能。

2.2 基础知识

2.2.1 计量知识

（1）法定计量单位及其换算知识。

（2）行业用计价单位的使用知识。

（3）清洁用化学剂

1）百分比配制。

2）份数比配制。

2.2.2 清洁设备知识

（1）一般清洁器具的使用知识。

（2）清洁设备的使用知识

1）吸尘器。

2）洗地毯机。

3）吸水机。

4）洗地机。

5）高压喷水机。

6）打蜡机。

（3）常用清洁剂的种类和使用知识

1）酸性清洁剂。

2）中性清洁剂。

3）碱性清洁剂。

4）上光剂。

5）溶剂。

2.2.3 客房知识

（1）客房种类

1）单人间。

2）大床间。

3）双人间。

4）三人间。

5）套间。

6）特殊客房。

（2）床种类

1）基本类型。

2）特殊类型。

（3）功能空间的设备使用和维护知识

1）睡眠空间设备。

2）盥洗空间设备。

3）起居空间设备。

4）书写和梳妆空间设备。

5）贮存空间设备。

（4）客房用品知识

1）房间用品。

2）卫生间用品。

（5）地面种类

1）硬质地面。

2）地毯。

3）胶地面（树脂地面）。

4）其他地面。

（6）墙面材料知识

1）花岗岩，大理石。

2）贴墙纸。

3）软墙面。

4）木质墙面。

5）涂料墙面。

2.2.4　相关法律、法规知识

（1）劳动法的相关知识。

（2）消费者权益保护法的相关知识。

（3）治安管理处罚条例的相关知识。

（4）旅馆业治安管理办法的相关知识。

（5）旅游安全管理暂行办法的相关知识。

（6）旅游涉外人员守则的相关知识。

（7）消防条例的相关知识。

（8）有关旅馆安全的地方法规。

3 工作要求

本标准对初级、中级、高级的要求依次递进，高级别包括低级别的要求。

3.1 初级（略）

3.2 中级

职业功能	工作内容	技能要求	相关知识
迎客准备	了解客情	1. 能用计算机查询客房信息 2. 能按宾客的等级安排接待规格	饭店计算机管理系统一般操作方法
	检查客房	1. 能向客人正确介绍客房设备的各项性能 2. 能布置各种类型的客房	1. 报修程序 2. 客房类型及布置要求
应接服务	迎候宾客	能用英语介绍客房服务的内容	1. 饭店常用接待用语 2. 中外礼仪、习俗常识
	介绍情况	1. 能向客人介绍客房所有设备的使用方法 2. 能向客人介绍饭店各项服务以及特点	饭店各部门的服务设施与功能
对客服务	清洁客房与卫生间	1. 能发现初级客房服务员在工作中存在的问题，并给予指导 2. 能清洁贵宾房	贵宾房清洁要求
	清洁楼层公共区域和进行计划卫生	1. 能实施“大清洁”计划 2. 能正确使用清洁剂 3. 能定期对清洁设备进行保养	1. 清洁设备的维护保养常识 2. 各类清洁剂的成分、性能 3. “大清洁”计划的范围、内容及程序
	特殊情况处理	能掌握住店生病客人及醉酒客人的基本情况，并给予适当的照顾、帮助	1. 基本护理常识 2. 客人个人资料
	代办客人洗衣及擦鞋服务	1. 能介绍洗衣服务项目、收费事项 2. 能正确核对《洗衣单》 3. 能根据客人需要提供擦鞋服务	1.《洗衣单》填写要求 2. 皮革保养常识

（续表）

职业功能	工作内容	技能要求	相关知识
会议服务	会议布置与服务	1. 能根据宾客要求，布置、安排不同类型的会议室，安排服务人员 2. 能准备所需文具、用品 3. 能提供饮品服务 4. 能使用视听设备	1. 会议室布置规范 2. 会议礼仪常识 3. 会议服务常识 4. 视听设备使用基础知识
客房用品管理	楼层库房的管理	1. 能进行楼层库房物品的保管 2. 能正确掌握客房的储备量 3. 能正确使用登记表	1. 一次性用品的名称与数量配备 2. 一次性用品的收发制度 3. 有关表格填写常识
	控制客用品	1. 按客房等级发放一次性用品 2. 按饭店规定，计算客房每日、每月、每季客用品的使用量 3. 能进行盘点	盘点知识

3.3 高级

职业功能	工作内容	技能要求	相关知识
迎客服务	制定服务方案	1. 能正确制定人员计划及物品准备计划 2. 能根据需要对各种用品的配置及摆放提出设计意见 3. 能协调客房服务员工作	1. 楼层（或公共区域）设备的使用、保养知识 2. 成本控制基础知识 3. 工作定额标准
对客服务	清洁客房	1. 能控制并实施清洁、整理客房的程序与标准 2. 能正确实施检查客房清洁的程序与标准 3. 能设计各类客房的布置方案 4. 能制定客房清洁与检查的各种表格 5. 能掌握客房清洁设备的性能与使用方法	1. 饭店星级划分常识 2. 本饭店客房类型 3. 常见地面、墙面材料的性能与保养方法

（续表）

<table>
<tr><th>职业功能</th><th>工作内容</th><th>技能要求</th><th>相关知识</th></tr>
<tr><td></td><td>接待贵宾</td><td>1. 能根据贵宾的级别制定接待方案
2. 能协调员工为贵宾服务
3. 能独立处理贵宾接待中存在的问题，并采取相应的解决方法</td><td>1. 对客服务的两种模式
2. 贵宾等级与服务共性的要求
3. 贵宾服务接待标准
4. 贵宾服务礼仪规范</td></tr>
<tr><td rowspan="2">沟通与协调</td><td>协调与其他部门的关系</td><td rowspan="2">1. 能正确协调与其他部门的关系
2. 能妥善处理客人的疑难问题</td><td rowspan="2">1. 各部门的运转程序
2. 部门间的协调原则</td></tr>
<tr><td>协调与宾客的关系</td></tr>
<tr><td rowspan="2">客房管理</td><td>客房用品管理</td><td>1. 能根据客房用品运转情况确定储存量
2. 能及时提供客房用品申购要求
3. 能检查客房用品的质量，保证客房标准</td><td>1. 客用品成本与计算方法
2. 对一般客用品的品质要求和对星级饭店的客用品品质要求
3. 动态控制能力</td></tr>
<tr><td>员工培训</td><td>1. 能承担专业理论培训
2. 能承担专业技能培训</td><td>客房部员工业务培训知识</td></tr>
</table>

附录C

中华人民共和国旅游行业标准
星级饭店客房客用品质量与配备要求（节录）

LB/T 003—1996

1 范围

本标准提出了星级饭店客房客用品的品种、数量、规格、包装、标志和技术指标。

本标准适用于我国各档次、类别的星级饭店。尚未评定星级的旅游涉外饭店可参照本标准执行。

2 引用标准

（略）。

3 定义

本标准采用下列定义。

3.1 星级饭店（Star-Rated Hotel）

经旅游行政管理部门依照GB/T 14308进行评定，获得星级的旅游涉外饭店。

3.2 客房客用品（Guestroom Supplies and Amenities）

客房中配备的，与宾客生活、安全密切相关的各种日用品和提示用品。其中日用品的基本特征是一次性、一客一用或一天一换。

4 一、二星级饭店的配备要求

4.1 毛巾

4.1.1 浴巾：每房二条。

4.1.2 面巾：每房二条。

4.1.3 地巾：每房一条。

4.2 软垫：每床一只。

4.3 床上用品

4.3.1 床单：每床二条。

4.3.2 枕芯：每床二个。

4.3.3 枕套：每床二只。

4.3.4 毛毯：每床一条。

4.3.5 床罩：每床一条。

4.3.6 备用薄棉被（或备用毛毯）：每床宜备一条（视地区而定）。

4.3.7 衬垫：每床可备一条。

4.4 卫生用品

4.4.1 香皂：每房不少于二块，每块净重不低于18g。

4.4.2 浴液、洗发液：每房二套，每件净重不低于20g。

4.4.3 牙刷：每房二把。

4.4.4 牙膏：每房二支，每支净重不低于6g。

4.4.5 漱口杯：每房二只。

4.4.6 浴帽：每房二只。

4.4.7 卫生纸：每房一卷。

4.4.8 卫生袋：每房一只。

4.4.9 拖鞋：每房二双。

4.4.10 污物桶：每房一只，放于卫生间内。

4.4.11 梳子：每房宜备二把。

4.4.12 浴帘：每房一条。

4.4.13 洗衣袋：二星级每房二只。

4.5 文具用品

4.5.1 文具夹（架）：每房一只。

4.5.2 信封：每房普通信封、航空信封各不少于二个。

4.5.3 信纸、便笺：每房各不少于三张。

4.5.4 圆珠笔：每房一支。

4.6 服务提示用品

4.6.1 服务指南、电话使用说明、住宿须知：每房各一份。

4.6.2 电视节目表、价目表、宾客意见表、防火指南：每房各一份。

4.6.3 提示牌、挂牌：应分别有“请勿打扰”、“请打扫房间”、“请勿在床上吸烟”的说明或标识。

4.6.4 洗衣单：二星级每房备二份。

4.7 饮品、饮具

4.7.1 茶叶：每房可备袋装茶四小袋，也可用容器盛装。

4.7.2　茶杯（热水杯）：每房二只。

4.7.3　暖水瓶：每房不少于一个。

4.7.4　凉水瓶、凉水杯：每房可备一套（视地区而定）。

4.8　其他

4.8.1　衣架：每房不少于八个。

4.8.2　烟灰缸：每房二只。

4.8.3　火柴：每房二盒。

4.8.4　擦鞋用具：以擦鞋纸为主，每房二份。

4.8.5　纸篓：每房一只，放于卧室内。

4.8.6　针线包：每房一套。

5　三星级饭店的配备要求

5.1　毛巾

5.1.1　浴巾：每房二条。

5.1.2　面巾：每房二条。

5.1.3　地巾：每房一条。

5.1.4　方巾：每房二条。

5.2　软垫：每床一只。

5.3　床上用品

5.3.1　床单：每床不少于二条。

5.3.2　枕芯：每床二个。

5.3.3　枕套：每床二只。

5.3.4　毛毯：每床一条。

5.3.5　床罩：每床一条。

5.3.6　备用薄棉被（或备用毛毯）：每床备一条（视地区而定）。

5.3.7　衬垫：每床一条。

5.4　卫生用品

5.4.1　香皂：每房不少于二块，每块净重不低于25g，其中至少一块不低于35g。

5.4.2　浴液、洗发液、护发素：每房二套，每件净重不低于25g。

5.4.3　牙刷：每房二把。

5.4.4　牙膏：每房二支，每支净重不低于8g。

5.4.5　漱口杯：每房二只。

5.4.6　浴帽：每房二只。

5.4.7　卫生纸：每房一卷。

5.4.8　卫生袋：每房一只。

5.4.9　拖鞋：每房二双。

5.4.10　污物桶：每房一只，放于卫生间内。

5.4.11　梳子：每房二把。

5.4.12　浴帘：每房一条。

5.4.13　防滑垫（若已采取其他防滑措施可不备）：每房一块。

5.4.14　洗衣袋：每房二只。

5.4.15　面巾纸：每房可备一盒。

5.5　文具用品

5.5.1　文具夹（架）：每房一只。

5.5.2　信封、明信片：每房普通信封、航空信封和国际信封各不少于二只。明信片二张。

5.5.3　信纸、便笺、传真纸：每房信纸、便笺各不少于三张，传真纸宜备二张。

5.5.4　圆珠笔：每房不少于一支。

5.5.5　铅笔：每房宜备一支，与便笺夹配套。

5.5.6　便笺夹：每房一只。

5.6　服务提示用品

5.6.1　服务指南、电话使用说明、住宿须知、送餐菜单：每房各一份。

5.6.2　电视节目表、价目表、宾客意见表、防火指南：每房各一份。

5.6.3　提示牌、挂牌：应分别有“请勿打扰”、“请打扫房间”、“请勿在床上吸烟”、“送餐服务”的说明或标识。

5.6.4　洗衣单、酒水单：每房备洗衣单二份，酒水单一份。

5.7　饮品、饮具

5.7.1　茶叶：每房备二种茶叶，每种不少于二小袋，也可用容器盛放。

5.7.2　茶杯（热水杯）：每房二只。

5.7.3　暖水瓶：每房不少于一只。

5.7.4　凉水瓶、凉水杯：每房备一套（视地区而定）。

5.7.5　小酒吧：烈性酒不少于三种，软饮料不少于五种。

5.7.6　酒杯：每房不少于二只，配调酒棒。

5.8　其他

5.8.1　衣架：每房西服架四只、裤架四只、裙架四只。

5.8.2 烟灰缸：每房不少于二只。

5.8.3 火柴：每房不少于二盒。

5.8.4 擦鞋用具：以亮鞋器为主，每房二件。

5.8.5 纸篓：每房一只，放于卧室内。

5.8.6 针线包：每房一套。

5.8.7 杯垫：小酒吧必备，其他场合，酌情使用。

5.8.8 礼品袋：每房备二只。

5.8.9 标贴：每房可备二只。

5.8.10 晚安卡：每房一卡。

6 四、五星级饭店的配备要求

6.1 毛巾

6.1.1 浴巾：每房二条。

6.1.2 面巾：每房二条。

6.1.3 地巾：每房一条。

6.1.4 方巾：每房不少于二条。

6.1.5 浴衣：每床一件。

6.2 软垫：每床一只。

6.3 床上用品

6.3.1 床单：每床不少于二条。

6.3.2 枕芯：每床不少于二只。

6.3.3 枕套：每床不少于二只。

6.3.4 毛毯：每床一条。

6.3.5 床罩：每床一条。

6.3.6 备用薄棉被（或备用毛毯）：每床备一条（视地区而定）。

6.3.7 衬垫：每床一条。

6.4 卫生用品

6.4.1 香皂：每房不少于二块，备皂碟，每块净重不低于30g，其中至少一块净重不低于45g。

6.4.2 浴液、洗发液、护发素、润肤露：每房二套，每件净重不低于35g。

6.4.3 牙刷：每房二把。

6.4.4 牙膏：每房二支，每支净重不低于10g。

6.4.5 漱口杯：每房二只。

6.4.6 浴帽：每房二只。

6.4.7　卫生纸：每房二卷。

6.4.8　卫生袋：每房一只。

6.4.9　拖鞋：每房二双。

6.4.10　污物桶：每房一只，放于卫生间内。

6.4.11　梳子：每房二把。

6.4.12　浴帘：每房一条。

6.4.13　防滑垫（若采取其他防滑措施可不放）：每房一块。

6.4.14　洗衣袋：每房二只。

6.4.15　面巾纸：每房一盒。

6.4.16　剃须刀：每房可备二把，可配备须膏。

6.4.17　指甲锉：每房可备一把。

6.4.18　棉花球、棉签：每房宜备一套。

6.4.19　浴盐（泡沫剂、苏打盐）：五星级可配备。

6.5　文具用品

6.5.1　文具夹（架）：每房一只。

6.5.2　信封、明信片：每房普通信封、航空信封和国际信封各不少于二只，明信片二张。

6.5.3　信纸、便笺、传真纸：每房信纸、便笺各不少于四张，传真纸不少于二张。

6.5.4　圆珠笔：每房不少于一支。

6.5.5　铅笔：每房宜备一支，与便笺夹配套。

6.5.6　便笺夹：每房一只。

6.6　服务提示用品

6.6.1　服务指南、电话使用说明、住宿须知、送餐菜单：每房各一份。

6.6.2　电视节目表、价目表、宾客意见表、防火指南：每房各一份。

6.6.3　提示牌、挂牌：每房备“请勿打扰”、“请打扫房间”、“请勿在床上吸烟”、“送餐服务”各一份，正反面内容宜一致。

6.6.4　洗衣单、酒水单：每房备洗衣单二份，酒水单一份。

6.7　饮品、饮具

6.7.1　茶叶：每房备两种茶叶，每种不少于二小袋，也可用容器盛放。

6.7.2　茶杯（热水杯）：每房二只。

6.7.3　暖水瓶：每房不少于一只。

6.7.4　凉水瓶、凉水杯：每房一套（视地区和客源需要而定）。

6.7.5　小酒吧：烈性酒不少于五种，软饮料不少于八种。

6.7.6　酒杯：不同类型的酒杯每房不少于四只，配调酒棒、吸管和餐巾纸。

6.7.7　咖啡：五星级宜备咖啡二小盒及相应的调配物，也可用容器盛放。

6.7.8　冰桶：每房一只，配冰夹。

6.7.9　电热水壶：五星级宜备。

6.8　其他

6.8.1　衣架：优质木制品为主，每房西服架、裤架、裙架各不少于四只。五星级另可配备少量缎面衣架或落地衣架。

6.8.2　烟灰缸：每房不少于二只。

6.8.3　火柴：每房不少于二盒。

6.8.4　擦鞋用具：以亮鞋器为主，每房二件，宜配鞋拔和擦鞋筐。

6.8.5　纸篓：每房一只，放于卧室内。

6.8.6　针线包：每房一套。

6.8.7　杯垫：每杯配备一只。

6.8.8　礼品袋：每房配备二只。

6.8.9　标贴（或标牌）：每房不少于二只。

6.8.10　晚安卡：每床一卡

7　基本质量要求

7.1　毛巾：全棉，白色为主，素色以不褪色为准，无色花，无色差，手感柔软，吸水性能好，无污渍，无明显破损性疵点。符合FZ/T62006的规定。

7.1.1　浴巾

a）一、二星级规格：不小于1 200mm × 600mm，重量不低于400g。

b）三星级规格：不小于1 300mm × 700mm，重量不低于500g。

c）四、五星级规格：不小于1 400mm × 800mm，重量不低于600g。

7.1.2　面巾

a）一、二星级规格：不小于550mm × 300mm，重量不低于110g。

b）三星级规格：不小于600mm × 300mm，重量不低于120g。

c）四、五星级规格：不小于700mm × 350mm，重量不低于140g。

7.1.3　地巾

a）一、二星级规格：不小于650mm × 350mm，重量不低于280g。

b）三星级规格：不小于700mm × 400mm，重量不低于320g。

c）四、五星级规格：不小于750mm × 450mm，重量不低于350g。

7.1.4 方巾

a）三星级规格：不小于300mm × 300mm，重量不低于45g。

b）四、五星级规格：不小于320mm × 320mm，重量不低于55g。

7.1.5 浴衣：棉制品或丝绸制品。柔软舒适，保暖。

7.2 软垫：平整，弹性适宜，无污损。

7.2.1 一、二星级：规格不小于1 900mm × 900mm。

7.2.2 三星级：规格不小于2 000mm × 1 000mm。

7.2.3 四、五星级：规格不小于2 000mm × 1 100mm。

7.3 床上用品

7.3.1 床单：全棉，白色为主，布面光洁，透气性能良好，无疵点，无污渍。应符合FZ/T 62007的规定。

a）一、二星级：纱支不低于20s，经纬密度不低于6 060，长度和宽度宜大于软垫600mm。

b）三星级：纱支20s以上，经纬密度不低于6 060，长度和宽度宜大于软垫700mm。

c）四、五星级：纱支不低于32s，经纬密度不低于6 080，长度和宽度宜大于软垫700mm。

7.3.2 枕芯：松软舒适，有弹性，无异味。

a）一、二星级：规格不小于650mm × 350mm。

b）三星级：规格不小于700mm × 400mm。

c）四、五星级：规格不小于750mm × 450mm。

7.3.3 枕套：全棉，白色为主，布面光洁，无明显疵点，无污损，规格与枕芯相配。

a）一、二星级：纱支不低于20s，经纬密度不低于6 060。

b）三星级：纱支20s以上，经纬密度6 060以上。

c）四、五星级：纱支不低于32s，经纬密度不低于6 080。

7.3.4 毛毯：素色为主，手感柔软，保暖性能良好，经过阻燃、防蛀处理，无污损。规格尺寸与床单相配。应符合FZ 61001的规定。

a）一、二星级：毛混纺或纯毛制品。

b）三星级：纯毛制品为主。

c）四、五星级：精纺纯毛制品。

7.3.5 床罩：外观整洁，线型均匀，边缝整齐，无断线，不起毛球，无污损，不褪色，经过阻燃处理，夹层可使用定型棉或中空棉。

a）一、二星级：装饰布面料为主。

b）三星级：优质装饰布面料为主。

c）四、五星级：高档面料，以优质装饰布或丝绸面料为主。

7.3.6　备用薄棉被（或备用毛毯）：优质被芯，柔软舒适，保暖性能好，无污损。

7.3.7　衬垫：吸水性能好，能有效防止污染物质的渗透，能与软垫固定吻合，可使用定型棉或中空棉。

a）一、二星级：规格不小于1 900mm × 900mm。

b）三星级：规格不小于2 000mm × 1 000mm。

c）四、五星级：规格不小于2 000mm × 1 100mm。

7.4　卫生用品

7.4.1　香皂：香味纯正，组织均匀，色泽一致，图案、字迹清晰，无粉末颗粒，无软化腐败现象，保质期内。应符合GB 8113的规定。

a）一、二星级：简易包装。

b）三星级：精制包装，印有中英文店名及店标，或用精致皂盒盛放。

c）四、五星级：豪华包装，印有中英文店名及店标，或用豪华皂盒盛放。

7.4.2　浴液、洗发液、护发素、润肤露：粘度适中，无异味，包装完好，不溢漏，印有中英文店名及店标，保质期内。应符合GB 11432、ZBY 42003、GB 11431的规定。

a）一、二星级：简易包装或简易容器盛放。

b）三星级：精致包装或精致容器盛放。

c）四、五星级：豪华包装或豪华容器盛放。

7.4.3　牙刷：刷毛以尼龙丝为主，不得使用对人体有害的材料，如聚丙丝。刷毛洁净柔软、齐整，毛束空满适宜；刷头、刷柄光滑，手感舒适，有一定的抗弯性能。标志清晰，密封包装，印有中英文店名及店标。其他技术指标应符合QB 1659的规定。

a）一、二星级：简易包装。

b）三星级：优质牙刷，精致包装。

c）四、五星级：优质牙刷，豪华包装。

注：三星级（含三星级）以上的饭店不宜使用装配式牙刷。

7.4.4　牙膏：香味纯正，膏体湿润、均匀、细腻，色泽一致，使用的香精、色素必须符合GB 8372及其他有关规定。图案、文字清晰，无挤压变形，无渗漏污损。保质期内。

7.4.5 漱口杯：玻璃制品或陶瓷制品，形体美观端正，杯口圆润，内壁平整。每日清洗消毒。

7.4.6 浴帽：以塑料薄膜制品为主，洁净，无破损，帽沿松紧适宜，耐热性好，不渗水。

a）一、二星级：简易包装。

b）三星级：纸盒包装为主，宜印有中英文店名及店标。

c）四、五星级：精致盒装；印有中英文店名及店标。

7.4.7 卫生纸：白色，纸质柔软，纤维均匀，吸水性能良好，无杂质，无破损，采用ZBY 39001中的A级和A级以上的卫生纸。

7.4.8 卫生袋：不透明塑料制品或防水纸制品，洁净，不易破损，标志清晰。

7.4.9 拖鞋：穿着舒适，行走方便，具有较好的防滑性能，至少印有店标。

a）一、二星级：一次性简易拖鞋，有一定的牢度。

b）三星级：以纺织品为主，视原材料质地，一日一换或一客一换。

c）四、五星级：高级优质拖鞋，一客一用。

7.4.10 污物桶：用于放置垃圾杂物，污物不泄漏，材料应有阻燃性能。

7.4.11 梳子：梳身完整、平滑，厚薄均匀，齿头光滑，不宜过尖。梳柄印有中英文店名及店标。

a）一、二星级：简易包装。

b）三星级：精致密封包装。

c）四、五星级：豪华包装；五星级可分粗、细梳齿；五星级宜使用木质梳子。

7.4.12 浴帘：以塑料薄膜或伞面绸为主，无污损，无霉斑。

7.4.13 防滑垫：橡胶制品为主，摩擦力大，防滑性能良好。

7.4.14 洗衣袋：塑料制品或棉麻制品为主，洁净，无破损，印有中英文店名及店标。

7.4.15 面巾纸：白色为主，纸质轻柔，取用方便，采用ZBY 32032中的A等品。

7.4.16 剃须刀：刃口锋快平整，剃刮舒适、安全，密封包装，印有中英文店名及店标。

7.4.17 指甲锉：砂面均匀，颗粒细腻，无脱砂现象，有套或套封。

7.4.18 棉花球、棉签：棉花经过消毒处理，棉头包裹紧密，密封包装。

7.4.19 浴盐（泡沫剂、苏打盐）：香味淡雅，含矿物质，发泡丰富。

7.5 文具用品

7.5.1 文具夹（架）：完好无损，物品显示醒目，取放方便，印有中英文店名及店标。

a）一、二星级：普通材料。

b）三星级：优质材料。

c）四、五星级：高级材料。

7.5.2 信封、明信片：信封应符合GB/T 1416的规定。印有店标及中英文店名、地址、邮政编码、电话号码、传真号码。明信片宜有旅游宣传促销意义。

7.5.3 信纸、便笺：纸质均匀，切边整齐，不洇渗墨迹，印有店标及中英文店名、地址、邮政编码、电话号码、传真号码。

a）一、二星级：纸质不低于50g纸。

b）三星级：纸质不低于60g纸。

c）四、五星级：纸质不低于70g纸。

7.5.4 圆珠笔：书写流畅，不漏油，笔杆印有店名及店标。

7.5.5 铅笔：石墨铅笔，笔芯以HB为宜，卷削后供宾客使用。

7.5.6 便笺夹：完好无损，平整，使用方便，可印有中英文店名及店标。

7.6 服务提示用品

7.6.1 服务指南、电话使用说明、住宿须知、送餐菜单：印刷美观，指示明了，内容准确，中英文对照。五星级宜备城市地图。

7.6.2 电视节目表、价目表、宾客意见表、防火指南：栏目编排清楚完整，中英文对照。

7.6.3 提示牌、挂牌：印刷精美，字迹醒目，说明清晰，悬挂方便，中英文对照。

7.6.4 洗衣单、酒水单：无碳复写，栏目清晰，内容准确，明码标价，中英文对照。

7.7 饮品、饮具

7.7.1 茶叶：干燥洁净，无异味，须有包装或容器盛放，标明茶叶品类。

7.7.2 茶杯（热水杯）：以玻璃制品和陶瓷制品为主，形体美观，杯口圆润，内壁平滑。

7.7.3 暖水瓶：公称容量不少于1.6L，应符合GB 11416中的优等品的质量规定。

注：标题名称与GB/T 14308一致。

7.7.4 凉水瓶、凉水杯：凉水瓶须有盖，无水垢，内存饮用水；凉水杯按7.7.2。

7.7.5 小酒吧：酒和饮料封口完好，软饮料须在保质期内。

7.7.6 酒杯：玻璃制品为主，杯口圆滑，内壁平滑，应与不同的酒类相配。

7.7.7 咖啡：以速溶咖啡为主，干燥洁净，包装完好。

7.7.8 冰桶：洁净，取用方便，保温性能良好。

7.7.9 电热水壶：绝缘性能良好，公称容量不宜大于1.7L，须配备使用说明。应符合JB 4189的规定。

注：标题名称与GB/T 14308一致。

7.8 其他

7.8.1 衣架：塑料制品或木制品为主，无毛刺，光滑。

7.8.2 烟灰缸：安全型。非吸烟楼层不放置。

7.8.3 火柴：采用GB/T 393中的MG-A型木梗火柴，以优质纸盒或木盒为主，印有中英文店名及店标。火柴梗支、药头平均长度和火柴盒尺寸由饭店自行决定。非吸烟楼层不配备。

7.8.4 擦鞋用具：含亮鞋器、擦鞋皮、擦鞋布、擦鞋纸等，使用后起到鞋面光亮洁净的效果。

7.8.5 纸篓：存放非液体性杂物。

7.8.6 针线包：配有线、钮扣、缝衣针，搭配合理，封口包装。

7.8.7 杯垫：精致、美观，应起到隔热作用，可印有店标。

7.8.8 礼品袋：塑料制品或优质纸制品为主，无破损，印有中英文店名及店标。

7.8.9 标贴（或标牌）：标贴为不干胶制品，标牌为纸制品或塑料制品。精致美观，富有艺术性，可印有店标。

7.8.10 晚安卡：印制精致，字迹醒目，中英文对照。

附录D
酒店电话礼仪规范

■ 接听电话程序

1. 一般电话铃响不超过三声，应拿起电话。
2. 致以简单问候，语气柔和亲切。
3. 自报单位（部门）名称或个人姓名（外线电话报酒店名称，内线电话报部门或岗位名称）。
4. 认真倾听对方的电话事由。如需传呼他人，应请对方稍候，然后轻轻放下电话，去传呼他人。
5. 如是对方通知或询问某事，应按对方要求一、二、三……逐条记下，并复述或回答对方。
6. 记下或问清对方通知或留言的事由、时间、地点、电话号码和姓名。
7. 对对方打来电话表示感谢。
8. 等对方放下电话后，自己再轻轻放下。

■ 从酒店打出电话的程序

1. 预先将电话内容整理好（以免临时记忆浪费时间或遗漏内容）。
2. 向对方拨出电话后，致以简单问候。
3. 作自我介绍。
4. 使用敬语，说明要找通话人的姓名或委托对方传呼要找的人。
5. 确定对方为要找的人后致以简单的问候。
6. 按事先准备的一、二、三……逐条简述电话内容。
7. 确认对方是否明白或是否记录清楚。
8. 致谢语、再见语。
9. 等对方放下电话后，自己再轻轻放下。

■ 电话接听服务中的注意事项

1. 正确使用称呼。
2. 正确使用敬语。
3. 对容易造成误会的同音字和词要特别注意咬字（词）清楚。

4. 不要对客人讲俗语和不易理解的酒店专业用语，以免客人不明白，造成误解。
5. 接听电话（打电话），语言要简炼、清楚、明了，不要拖泥带水、浪费客人时间，引起对方反感。
6. 接听或打电话时，无论对方是熟人还是陌生人，尽量少开玩笑或使用幽默语言。因双方在电话中既无表情又无手势的配合，开玩笑或使用幽默语言往往容易造成事与愿违的效果。
7. 在接听电话时尽量不失礼节地设法辨明对方身份、姓名、工作单位和电话号码。如对方实在不愿意透露姓名和有关资料，也不要失礼或怪罪对方。
8. 对方拨错电话时，要耐心地告诉对方“对不起，您拨错电话号码了”，千万不要得理不让人，使客人不愉快。自己拨错了电话号码，一定要先道歉，然后再挂线重拨。
9. 接听电话要注重礼貌。在电话接听过程中要特别注意避免出现以下一些不礼貌现象。

（1）无礼。客人无礼，接听电话的人也无礼，以牙还牙；接电话人对客人来的电话内容追根问底，使通话人显得不耐烦，感到恼火或沮丧。

（2）傲慢。接电话的人盛气凌人，似乎别人欠了他什么似的，这种接电话的态度最容易激怒对方，并且很难使对方在短时间内消除心中的不愉快。

（3）有气无力，不负责任。接电话的人在接电话时显得无精打采、有气无力，对客人的电话或对方的问话不负责任，这会给对方造成失望或疲倦的感觉。

（4）急躁。在接听电话时，不等对方说完自己抢话说，而且一口气说得太多、太快，不注意克制自己的情绪，使对方感到接电话的人在发火、训人，这样做容易造成误会，产生不良后果。

（5）独断专横。不注意用心听完对方的讲话内容，随意打断别人的叙述；不管正确与否，一切由自己说了算；对方的话未说完，自己就先挂线了。

（6）优柔寡断、拖泥带水。接听电话时，回答对方的问题不清不楚，似是而非，犹犹豫豫，毫无把握。

（7）不耐烦或出口伤人。态度粗鲁、语言生硬，尤其是连续听到几个打错的电话后，更容易出口伤人。但下一个电话也许恰恰是一个工作电话，处理不好则会造成不良后果。

附录E
酒店常用英语服务用语

一、欢迎和问候语

1. Good morning（afternoon，evening），sir（madam）.

早上（下午、晚上）好，先生（女士）。

2. How do you do?

您好！（初次见面）

Glad to meet you.

很高兴见到您。

3. How are you?

您好吗？

Fine，thanks. And you?

很好，谢谢。您呢？

4. Welcome to × × hotel.

欢迎您到我们宾馆来。

5. Wish you a most pleasant stay in our hotel.

愿您在我们宾馆过得愉快。

6. Please enjoy your stay with us.

希望您在我们宾馆过得愉快。（客人刚入店时）

I wish you are enjoying your stay with us.

希望您在我们宾馆过得愉快。（客人在饭店逗留期间）

I wish you have enjoyed your stay with us.

希望您在我们宾馆过得愉快。（客人离店时）

7. Have a good time!

祝您过得愉快！

二、电话用语

1. Hello，front desk of Shanshui Hotel. Can I help you?

这里是山水大酒店前厅。需要帮助吗？

2. Sorry，I've dailed the wrong number.

对不起，我拨错号了。

3. Can I speak to General Manager of hotel?

能和你们总经理说话吗?

4. Sorry. He is not in at the moment.

对不起，他现在不在。

5. Would you like to leave a message to him?

您要留口信吗?

三、祝贺语

1. Congratulations!

祝贺您!

2. Happy Birthday!

生日快乐!

3. Happy New Year!

新年快乐!

4. Merry Christmas!

圣诞快乐!

5. Have a nice holiday!

节日快乐!

6. Wish you every success!

祝您成功!

四、答谢和答应语

1. Thank you (very much).

谢谢您（非常感谢）。

2. Thank you for your advice (information, help).

感谢您的忠告（信息、帮助）。

3. It's very kind of you .

谢谢，您真客气。

4. You are welcome.

不用谢。

5. Not at all.

不用谢。

Never Mind.

不用谢。

6. It's my pleasure.

With pleasure .

My pleasure .
很高兴为您服务。
7. I am at your service.
乐意为您效劳。
8. Thank you for staying in our hotel.
感谢您在我们饭店下榻。

五、道歉语

1. I'm sorry.
很抱歉。
2. Excuse me.
对不起。
3. Oh，it is my faults.
对不起，那是我的过错。
4. Sorry to have kept you waiting.
对不起，让您久等了。
5. Sorry to disturb you.
对不起，打扰您了。
6. I'm sorry about this.
对此表示歉意。
7. I apologize for this.
我为此道歉。
8. That's all right.
没关系。

六、征询语

1. Can（May）I help you?
我能帮您什么吗?
Yes，please.
好的。
2. What can I do for you?
我能为您做点什么吗?
3. Is there anything I can do for you?
有什么我能为您效劳的?
4. Just a moment，please.
请稍等一下。

5. May I use your phone?

我能借用您的电话吗?

Certainly.

当然可以。

七、指路用语

1. Go upstairs/downstairs.

上楼/下楼。

2. It’s on the second（third）floor.

在二（三）楼。

3. Excuse me. Where is the washroom（elevator）?

对不起，请问盥洗室（电梯）在哪儿?

This way，please.

请这边走。

4. Turn left/right，please.

往左（右）转。

5. It’s in the lobby closed to the main entrance.

在大厅近大门处。

6. It’s in the basement at the end of the corridor.

在地下室走廊尽头。

八、提醒用语

1. Mind（Watch）your step.

请走好。

2. Please be careful.

请当心。

3. Please don’t leave anything behind.

请别遗忘您的东西。

4. Don’t worry.

别担心。

5. Take it easy.

放心好了。

6. Please don’t smoke here.

请不要在这里抽烟。

九、告别语

1. Goodbye.

再见.

2. See you later.

等会见。

3. Good night.

晚安。

4. See you tomorrow.

明天见。

5. Goodbye and thank you for coming.

再见，谢谢您的光临。

6. Goodbye and hope to see you again.

再见，希望再见到您。

7. Have a nice trip!

一路平安!

8. Wish you a pleasant journey! Good luck!

祝您旅途愉快! 祝好运!

十、预订

1. Good morning/evening. Reservation. May I help you?

早上好/晚上好，这里是……酒店客房预订部，请问需要帮忙吗?

2. What can I do for you?

我能为您帮什么忙吗?

3. Hold on line, please. Could you please hold on?

请稍等（电话中)，好吗?

4. Could you wait a minute, please?

请稍等，好吗?

5. Are you with a company?

您是公司预订吗?

6. May I have your departure date?

请问您的离店日期是哪天?

7. How long will you stay here?

请问您住几天?

8. How many people are there in your delegation?

您们一共几个人?

9. There will be four nights.

四个晚上。

10. Can you please advise your arrival date?

请问哪天入住?

11. Is it just for tonight?

请问只住今天一晚吗?

12. When are you going to check in?

请问您什么时候入住?

13. Would you like a single room or a double room?

请问您想订单人间还是双人间?

14. What kind of room would you like/prefer?

请问您喜欢什么样的房间?

15. Would you please tell me your full name, please?

请问您的姓名是……

16. And your address, please?

请问您的地址是……

17. May I have your telephone number, Mr. Smith?

史密斯先生，请问您的电话号码是?

Could you please advise your company name and how would you like to settle your payment?

请问您的公司全称及付款方式是……

How would you like to guarantee your reservation?

请问您的担保方式是?

Can you please provide with your credit card number or guarantee letter for the guarantee?

请提供您的信用卡号码或担保信作为担保。

18. We have a singleroom available for those dates.

我们在那个时间段还有一个单人间可以接受预订。

19. It's all right for the next week.

下个星期没有问题。

20. We do have a vacancy for those dates.

那段时间我们可以接受预订。

21. Yes, you can have a room on Saturday.

是的，星期六您可以订到房间。

22. I'm afraid we won't be able to guarantee you a room after the 16th. We usually have high occupancies in the peak seasons.

恐怕16日以后我们不能保证有房间提供给您，那段时间是我们的入住高峰期。

23. I'm sorry，the single rooms were fully booked. Would you mind to have a double one?

很抱歉我们的单人间已经订满了，给您订双人间怎么样？

24. I'm sorry，the hotel is full on that date.

很抱歉，那天我们酒店的客房已经住满了。

25. I'm sorry，there is no any room available for that week.

很抱歉，我们那周的预订已经全满了。

26. Service charge is not included in the room rate.

服务费不包含在房费里。

27. Above rate is with additional 15% service charges.

以上报价需另付15%的服务费。

28. We offer 10% discount for group reservation，sir.

先生，团队预订可以打九折。

29. Mr. Smith，let me repeat your reservation to ensure it is correct. you will arrive before…

史密斯先生，我跟您确认一下您的预订内容：您的抵达日期是……

十一、前台接待

1. Do you have made you a reservation?

您预订过了吗？

2. The bellman will show you the way to the banquet hall.

行李员将领您去宴会厅。

3. Would you please complete this registration form?

请填写这张登记表。

4. Could you sign your name，please?

请签上您的姓名。

5. Can you show me your passport please?

请出示您的护照。

6. May I have your name and room number?

请告诉我您的名字与房间号码。

7. May I have your passport or ID Card please?

请出示您的护照或身份证。

8. How would you like to make payment, by credit card or by cash?
请问您想用现金付款还是用信用卡付款?
9. Can I have your credit card imprint?
请出示您的信用卡，我们需要用它来压卡。
10. Would you please pay 1000RMB as deposit? We will return the balance to you when you check out.
请您付1000元押金，我们将在您退房时将余额退还给您。
11. Here is your room key.
这是您的房间钥匙。
12. Your room number is 246 on the second floor.
您的房间在二楼的246房。
13. Here is your key card.
这是您的房卡。
14. The bellman will take your luggage up later.
行李员稍后将帮您把行李送到房间。
15. The bellman will be here to take your luggage and show you the way.
这里的行李生会为您提行李，并为您带路。
16. We'll extend the reservation for you.
我们可以为您延长预订。
17. Are you checking out today?
您今天可以结账吗?
18. Would you like to check out now?
您今天要退房吗?
19. Please pay at the cashier's desk over there.
请到那边账台付款。
20. If there's anything you need，just ring reception.
如果您需要什么，就打电话给服务台。
21. The swimming pool will be not open today due to the bad weather.
因为天气不好，今天游泳池不开放。
22.The phone number of our hotel is 68718888.
我们酒店的电话号码是68718888。
23. Please dial 9 before you dial the number.
拨号码前请先拨9。

十二、行李员

1. Are these your baggage?
这些是您的行李吗?
2. May I take them for you?
我来帮您拿好吗?
3. Please show me your room key。
请让我看看您的房间钥匙。
4. This way please.
请走这边。
5. Your entire luggage is here，seven pieces at all.
您的行李都在这里，共七件。
6. May I show you the room facilities?
我给您介绍一下房间的设施好吗?
7. Here is a introduction brochure of hotel services.
这里有介绍饭店各项服务的小册子。
8. If you would like have your room cleaned early，please hang the Cleaning Sign on the door.
如果您希望您的房间早些整理好，请将这个“请即打扫”的牌子挂在门上。
9. There is a entertainment center on the ground floor.
一楼有一个娱乐中心。
10. May I turn the cooling up?
我把冷气开大些，好吗?
11. May I turn the heating down?
我把暖气开小些，好吗?
12. Your bags will be kept at the bell captain's desk.
您的包将存放在行李处。
13. Could you please come to the bell captain's desk with your claim tag to pick up your bags?
请您拿着行李牌，来行李部取您的包。
14. We have a sauna bath with a massage service there as well.
在那里还有桑拿浴室并提供按摩服务。
15. You can ask the reception to get a taxi for you if you want.
如果您要出租车，您可以请服务台为您叫一辆。

附录F
酒店员工编号

酒店员工的编号主要是为方便人员管理，便于识别人员身份与职责情况。编号长度为3个英文字母+3个阿拉伯数字，为2+1+3的形式，共6位数。前两位代表部门，第3位代表级别，后3位代表序号。

前两位代码的意义：

AG　　总经理办公室

FC　　财务部

SL　　销售部

PR　　公关部

PO　　物业部

FB　　餐饮部

FO　　前厅部

SE　　保安部

HR　　人力资源部

HK　　管家部

EN　　工程部

第3位代码的意义：

A　　A级经理

B　　B级经理

S　　主管级

C　　领班级

R　　普通级

T　　临时工

后3位代码的意义：

按入职先后顺序排序，数字最小意味着最早入职，从001开始往后排。

参考文献

1. 南兆旭，滕宝红. 现代酒店星级服务培训. 广州：广东经济出版社，2004
2. 王德静. 前厅服务与管理实训教程. 北京：科学出版社，2008
3. 徐文苑，贺湘辉. 酒店前厅管理实务. 广州：广东经济出版社，2008
4. 蔡万坤. 前厅与客房管理. 北京：北京大学出版社，2006
5. 宋雷. 前厅运行与管理. 北京：中国商业出版社，2005
6. 姜倩. 饭店前厅部高效管理. 北京：旅游教育出版社，2008
7. 袁照烈. 酒店前厅部精细化管理与服务规范. 北京：人民邮电出版社，2009
8. 余炳炎，朱承强. 饭店前厅与客房管理. 天津：南开大学出版社，2001
9. 郭一新. 酒店前厅客房服务与管理实务教程. 武汉：华中科技大学出版社，2010
10. 李辉作，于涛. 酒店经营与管理. 北京：中国发展出版社，2009
11. 范运铭. 前厅与客房服务与管理. 上海：高等教育出版社，1999
12. 吴伟，孙东. 中国饭店金钥匙服务. 广州：广东旅游出版社，1999
13. 周丽. 旅游饭店前厅服务与管理. 北京：对外经济贸易大学出版社，2008
14. 吴军卫. 前厅服务员实战手册. 北京：旅游教育出版社，2006
15. 吴军卫，张建业. 前厅服务与管理. 北京：旅游教育出版社，2003
16. 陶暹光，杨纪鹤. 现代饭店服务技巧. 北京：旅游教育出版社，2004
17. 宋晓玲. 饭店服务常见案例570则. 北京：中国旅游出版社，2001
18. 孔永生. 前厅与客房细微服务. 北京：中国旅游出版社，2007
19. 陈文生. 酒店经营管理案例精选. 北京：旅游教育出版社，2007

《前厅客房工作实务（第二版）》
编读互动信息卡

亲爱的读者：

感谢您购买本书。只要您以以下三种方式之一成为普华公司的**会员**，即可免费获得普华每月新书信息快递，在线订购图书或向我们邮购图书时可获得免付图书邮寄费的优惠：①详细填写本卡并以**传真（复印有效）或邮寄**返回给我们；②**登录普华公司官网注册成为普华会员**；③关注微博：@普华文化（新浪微博）。会员单笔订购金额满 300 元，可免费获赠普华当月新书一本。

哪些因素促使您购买本书（可多选）

○本书摆放在书店显著位置　○封面推荐　○书名
○作者及出版社　○封面设计及版式　○媒体书评
○前言　○内容　○价格
○其他（　　　　　　　　　　　　　　　　）

您最近三个月购买的其他经济管理类教材有

1.《　　　　　　　　》　2.《　　　　　　　　》
3.《　　　　　　　　》　4.《　　　　　　　　》

您还希望我们提供的服务有

1. 作者讲座或培训　2. 附赠光盘
3. 新书信息　4. 其他（　　　　　　　　）

请附阁下资料，便于我们向您提供图书信息

姓　　名　　　　联系电话　　　　职　　务
电子邮箱　　　　工作单位
地　　址

地　　址：北京市丰台区成寿寺路 11 号邮电出版大厦 1108 室
北京普华文化发展有限公司（100164）
传　　真：010-81055644
读者热线：010-81055656
编辑邮箱：wangyingzhou@puhuabook.com
投稿邮箱：puhua111@126.com，或请登录普华官网“作者投稿专区”。
投稿热线：010-81055633
购书电话：010-81055656
媒体及活动联系电话：010-81055656　邮件地址：hanjuan@puhuabook.com
普华官网：http://www.puhuabook.com.cn
博　　客：http://blog.sina.com.cn/u/1812635437
新浪微博：@普华文化（关注微博，免费订阅普华每月新书信息速递）